消費税実務における判断ミスと対応策

ケーススタディ

税理士
齋藤和助 著

清文社

はじめに

　毎年、税理士職業賠償責任保険の税目別支払件数と支払金額が公表されますが、その両方で最も多いのが消費税で、全体の5割近くを占めています。

　消費税には納税者が有利な方法を選択できる制度が多数存在します。したがって、ひとたびその選択を間違えると、過大納付が発生します。また、消費税における選択届出書は、原則として"事前"に提出するため、適用を受けたい事業年度にこれに気付いても、選択が認められず、納税者に損害を与えてしまいます。令和2年度の税制改正により、長年にわたる居住用賃貸建物の還付をめぐる、納税者と課税庁の"いたちごっこ"に終止符が打たれました。しかし、これを防ぐために行われてきた改正はそのまま残されています。調整対象固定資産や高額特定資産の取得には、引き続き注意が必要です。令和5年10月からはインボイス制度がスタートします。実務上どのような判断ミスが起こるのかは未知数ですが、ここにもたくさんの納税者の選択が存在します。

　消費税実務には上記のような様々なリスクが存在します。

　本書はこの消費税実務に潜むリスクをピックアップしてQ&A形式で紹介し、これを回避するために知っておくべき知識やその対応策をわかりやすくまとめました。また、第7章においては、近年の改正により今後予想される実務上の判断ミスを想定し、他章と同様の構成でまとめています。

　本書により、起こりやすいミスを事前に把握することによって消費税実務に潜むリスクを知り、これを回避するために必要な知識を再確認することで、消費税実務における判断ミス防止にお役立ていただければ幸いです。

2023年8月

税理士　齋藤　和助

目次

第6章　仕入税額控除

第7章　近年の改正により予想される判断ミス

Column

※本書は、2023年7月末日現在の法令等に基づいています。

【凡 例】

◆法律名略称

消法……………………消費税法

消令……………………消費税法施行令

消規……………………消費税法施行規則

消基通…………………消費税法基本通達

消法別表………………消費税法別表

インボイス通達…………消費税の仕入税額控除制度における適格請求書等保
　　　　　　　　　　　　存方式に関する取扱通達

軽減通達………………消費税の軽減税率制度に関する取扱通達

法法……………………法人税法

法令……………………法人税法施行令

法規……………………法人税法施行規則

法基通…………………法人税基本通達

国通法…………………国税通則法

措法……………………租税特別措置法

措令……………………租税特別措置法施行令

措規……………………租税特別措置法施行規則

措通……………………租税特別措置法基本通達

◆ （ ） 内においては、下記例のように略語を用いています。

消法 33 ①二………消費税法第 33 条第 1 項第二号

第 **1** 章

届出書・申請書

1 消費税の選択届出書

Q1 届出書の提出期限

期末が日曜日であったため、X2 年 3 月期からの「簡易課税制度選択不適用届出書」を期首の X1 年 4 月 1 日に提出しました。X1 年 4 月に設備投資を予定していますが、設備投資に係る消費税の還付は受けられますか。

A

「簡易課税制度選択不適用届出書」は、その届出書が提出された日の属する課税期間の翌課税期間から効力が生じるものであり、その届出書には具体的な提出期限がないことから、課税期間の末日が土日休日等であっても、提出すべき期間が延長されることはありません。したがってこのままでは還付は受けられません。

▶ 解説

1 消費税の選択届出書は発信主義を採っているが期限は延長されない

消費税の選択届出書は国税通則法 22 条に規定する「その他国税庁長官が定める書類」に該当することから、発信主義（提出日は郵送した日）を採っています。しかし、その届出書には具体的な提出期限がないため、課税期間の末日が土日休日等であっても、提出すべき期限が延長されることはありません。したがって、簡易課税をやめて原則課税に戻りたい場合には、そのやめようとする課税期間の初日の前日までに「簡易課税制度選択不適用届出書」を提出（提出日は郵送した日）する必要があります。これは郵送提出に限らず電子提出も同様です。

2 知っておくべき知識と留意点

　事例のケースにおいて知っておくべき税法上の規定は次のとおりです。

1 郵送等に係る納税申告書等の提出時期（国通法22）

　納税申告書その他国税庁長官が定める書類が郵便又は信書便により提出された場合には、その郵便物又は信書便物の通信日付印により表示された日にその提出がされたものとみなされます。

2 提出期限が休日等の場合、期限が延長されるものされないもの

　提出期限が休日等の場合の取扱いについては、①翌日に延長されるものと、②翌日に延長されないものの2つに分かれます。

①翌日に延長されるもの

　　具体的な日時が明記されているものや「各事業年度終了の日の翌日から2か月以内」などのように「○○から○○以内」と規定されているものについては、提出期限が休日等にあたる場合には翌日に延長されます。

　　具体例：申告・納付等の期限、青色申告承認申請書（所得税）

②翌日に延長されないもの

　　提出期限が「課税期間の初日の前日まで」あるいは「支払日の前日まで」など、「○○の前日まで」と規定されている書類については、提出期限が休日等であっても期限は翌日に延長されません。

　　具体例：消費税の選択届出書、青色申告の承認申請書（法人税）

〈消費税の選択届出書と選択不適用届出書の提出期限〉

届 出 書 名	提出期限
課税事業者選択届出書	適用を受けようとする課税期間の初日の前日まで(事業を開始した日の属する課税期間はその課税期間中)
簡易課税制度選択届出書	
課税期間特例選択届出書	
課税事業者選択不適用届出書	適用をやめようとする課税期間の初日の前日まで
簡易課税制度選択不適用届出書	
課税期間特例選択不適用届出書	

3 起こりうる判断ミスと対応策

事例に類似するミスとしては、次のようなものが想定されます。

届出書の提出期限を誤認してしまった

❶ 起こりうる判断ミス

　提出期限が休日等の場合、期限が延長されるものと思い込み、X2年のテナントビル新築に係る消費税の還付を受けるため、「課税事業者選択届出書」を仕事始めのX2年1月4日に提出してしまった。

❷ ミスへの対応策

　「課税事業者選択届出書」は提出期限が休日等の場合でも期限は延長されませんので、このままでは還付を受けられません。テナントビルの引渡し日がまだ先であれば、課税期間を短縮することによりミスをカバーできないかどうか検討しましょう（**Q4**、**Q5** 参照）。

4 ポイント

　消費税の選択届出書は具体的な提出期限が明示されていないことから、提出期限が休日等であっても期限は翌日に延長されません。

Q2 届出書と選択届出書

個人事業主である父の家業を引継ぎ、新たに事業を開始しましたが、父の基準期間の課税売上高が 1,000 万円超であったことから、X1 年からの「課税事業者届出書」を提出したつもりが誤って「課税事業者選択届出書」を提出してしまいました。X2 年になり、X1 年の確定申告作業中にこれに気付きましたが、今から「課税事業者選択届出書」の取り下げは認められますか。

A 今回のケースは相続による事業承継ではなく、あなたの新たな事業開始になりますので、父の基準期間の課税売上高は関係ありません。したがって、「課税事業者届出書」の提出は不要です。また、X1 年に設備投資等により消費税の還付を受ける必要がなければ、「課税事業者選択届出書」の提出も不要です。「課税事業者選択届出書」を提出してしまい、届出の効力発生後にこれに気付いた場合には、取り下げは認められませんので、原則として 2 年間、課税事業者として拘束されることになります。

▶ 解説

1 単に事業を承継した場合

父が生前に家業から退き、子が家業を承継した場合には、相続による事業承継ではありませんので、原則として基準期間のない当初 2 年間（特定期間により課税事業者になる場合を除きます）は消費税の納税義務は免除されます。

2 知っておくべき知識と留意点

事例のケースにおいて重要となる消費税法上の規定は次のとおりです。

① 課税事業者届出書の提出（消法 57 ①一）

事業者が課税期間の基準期間における課税売上高が 1,000 万円を超えることとなった場合には、課税事業者届出書を速やかにその事業者の納税地

の所轄税務署長に提出しなければなりません。

2 課税事業者選択届出書の提出（消法9④）

　免税事業者が、基準期間における課税売上高が1,000万円以下である課税期間につき「課税事業者選択届出書」を納税地の所轄税務署長に提出した場合には、提出をした事業者が提出をした日の属する課税期間の翌課税期間（提出をした日の属する課税期間が事業を開始した日の属する課税期間等である場合には、その課税期間）以後の課税期間中に国内において行う課税資産の譲渡等及び特定課税仕入れについては、納税義務は免除されません。なお、課税事業者の選択には2年間の継続適用要件があります。

〈課税事業者届出書と課税事業者選択届出書の比較〉

届出書名	課税事業者届出書	課税事業者選択届出書
提出者	免税事業者	免税事業者
提出目的	課税事業者になった場合	課税事業者になりたい場合
提出期限	速やかに	原則：事前 例外：課税期間の末日まで
継続要件	—	2年間（原則）

3 相続開始年における相続人の納税義務

　相続により事業を承継した相続人が、相続開始年において免税事業者である場合において、その基準期間における課税売上高が1,000万円を超える被相続人の事業を承継したときは、その相続人はその相続開始日の翌日から納税義務者となります（**Q16** 参照）。

3 起こりうる判断ミスと対応策

事例に類似するミスとしては、次のようなものが想定されます。

■1 「課税事業者届出書」を提出すべきところ誤って「課税事業者選択届出書」を提出してしまった

■2 「課税事業者選択届出書」を提出すべきところ誤って「課税事業者届出書」を提出してしまった

■1 「課税事業者届出書」を提出すべきところ誤って「課税事業者選択届出書」を提出してしまった

❶ 起こりうる判断ミス

基準期間の課税売上高が1,000万円を超えたため、「課税事業者届出書」を提出すべきところ誤って「課税事業者選択届出書」を提出してしまった。

❷ ミスへの対応策

上記 **■2 2** のとおり、2年間、課税事業者として拘束されます。効力発生前にこれに気づいた場合には、所轄税務署に事情を説明し、正しい届出書に提出し直しましょう。

■2 「課税事業者選択届出書」を提出すべきところ誤って「課税事業者届出書」を提出してしまった

❶ 起こりうる判断ミス

設備投資に係る消費税の還付を受けるため、「課税事業者選択届出書」を提出すべきところ誤って「課税事業者届出書」を提出してしまった。

❷ ミスへの対応策

上記 **■2 1** のとおり、この届出書では課税事業者を選択したことにはなりません。このままでは設備投資に係る消費税の還付は受けられ

ませんので、課税期間を短縮することによりミスをカバーできないか
どうかを検討しましょう（**Q4** 参照）。

4 ポイント

❶ 「課税事業者届出書」は免税事業者が課税事業者になった場合に速やか
に提出するものです。

❷ 「課税事業者選択届出書」は免税事業者が課税事業者になりたい場合に
原則として事前に提出するもので、原則として2年間の継続適用要件が
あります。

❸ 父から子が単に事業を承継した場合には、原則として基準期間のない
当初2年間は消費税の納税義務は免除されます。

適用開始課税期間の記載

資本金 500 万円で設立した法人の設立初年度である X1 年 3 月期から設備投資に係る消費税の還付を受けるため、「課税事業者選択届出書」を提出しましたが、適用開始課税期間を誤って翌期の X2 年 3 月期からと記載して提出してしまいました。X2 年 3 月期になってからこれに気付きましたが、適用開始課税期間の訂正は認められますか。

課税事業者選択
届出書提出期限
(X1年 3 月期、X2年 3 月期)

法人設立	X1年 3 月期		X2年 3 月期

 X1 年 3 月期（設立初年度）は、X1 年 3 月の末日までに「課税事業者選択届出書」を提出すれば、X1 年 3 月期から課税事業者を選択することができます。ただし、X2 年 3 月期（設立 2 期目）の提出期限も同日になりますので、X2 年 3 月期に入ってからの適用開始事業年度の訂正は認められません。

> 解説

1 新規設立法人の課税事業者の選択

資本金 1,000 万円未満で法人を設立した場合には、基準期間がない設立 2 期目までは特定期間や特定新規設立法人の特例に該当する場合を除き、原則として納税義務はありません。設立初年度の設備投資に係る消費税の還付を受けるためには、設立初年度の末日までに「課税事業者選択届出書」を提出しなければなりません。設立初年度の末日は設立初年度と設立 2 期目の「課税事業者選択届出書」の提出期限になりますので、「適用開始課税期間」の記載が重要になります。

2 知っておくべき知識と留意点

事例のケースにおいて重要となる消費税法上の規定は次のとおりです。

1 小規模事業者に係る納税義務の免除（消法9①）

事業者のうち、その課税期間に係る基準期間における課税売上高が1,000万円以下である者については、その課税期間中に国内において行った課税資産の譲渡等及び特定課税仕入れについては納税義務が免除されます。

2 課税事業者の選択（消法9④）

免税事業者が、基準期間における課税売上高が1,000万円以下である課税期間につき「課税事業者選択届出書」を納税地を所轄する税務署長に提出した場合には、提出をした事業者が提出をした日の属する課税期間の翌課税期間（提出をした日の属する課税期間が事業を開始した日の属する課税期間である場合には、その課税期間）以後の課税期間中に国内において行う課税資産の譲渡等及び特定課税仕入れについては、納税義務は免除されません。

なお、課税事業者の選択には2年間の継続適用要件が、調整対象固定資産や高額特定資産を取得した場合には3年間、原則課税の課税事業者として拘束される等の制限があります（**Q38**、**Q39**参照）。

3 起こりうる判断ミスと対応策

事例に類似するミスとしては、次のようなものが想定されます。

> ### 適用開始課税期間を誤記載してしまった

❶ 起こりうる判断ミス

X1年3月期に資本金300万円で法人を設立し、設立2年目のX2年3月期に設備投資に係る消費税の還付を受けるため、X1年3月末日に「課税事業者選択届出書」を提出したが、適用開始課税期間を誤っ

て設立初年度のX1年3月期からと記載して提出したため、X1年3月期から課税事業者になってしまった。

❷ ミスへの対応策

　事例の逆パターンになります。この場合には、設立初年度から課税事業者になりますので、期限までに消費税申告書を提出しなければなりません。X1年3月末日は第1期と第2期の「課税事業者選択届出書」の提出期限です。「適用開始課税期間」の記載にはくれぐれも注意しましょう。

4 ポイント

　設立初年度の期末は第1期と第2期の「課税事業者選択届出書」の提出期限です。適用開始課税期間の記載には十分注意しましょう。

課税期間特例選択届出書で不利な免税期間を短縮

　当社は資本金100万円で設立した3月決算法人で、海外に中古車を販売する輸出業者です。設立初年度であるX1年3月期の消費税を還付申告したところ、「課税事業者選択届出書」が提出されていないため、還付は認められないと言われました。いまから打てる手だてはありませんか。

　今から設立初年度の消費税の還付は受けられませんが、「課税期間特例選択届出書」で課税期間を区切り、「課税事業者選択届出書」を提出することで、免税事業者である期間を短くすることができます。

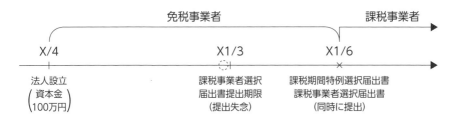

解説

1 課税事業者選択届出書

　設立初年度に還付を受ける場合には、設立初年度の末日までに「課税事業者選択届出書」を提出しなければなりません。これを失念した場合には還付は受けられません。しかし、気づいた時点で、「課税期間特例選択届出書」で課税期間を区切り、「課税事業者選択届出書」を提出すれば、免税事業者である期間を短くすることができます。

2 知っておくべき知識と留意点

　事例のケースにおいて重要となる消費税法上の規定は次のとおりです。

1 課税事業者の選択（消法9④）

　免税事業者が、その基準期間における課税売上高が1,000万円以下である課税期間につき「課税事業者選択届出書」をその納税地を所轄する税務署長に提出した場合には、その提出をした事業者がその提出をした日の属する課税期間の翌課税期間（その提出をした日の属する課税期間が事業を開始した日の属する課税期間等である場合には、その課税期間）以後の課税期間中に国内において行う課税資産の譲渡等及び特定課税仕入れについては、納税義務は免除されません。

2 課税期間の短縮

　課税期間は、個人事業者については1月1日から12月31日までの1年間であり、法人については事業年度とされています。ただし、特例として、届出により課税期間を3か月ごと又は1か月ごとに短縮することができます。

3 課税期間特例選択届出書（消法19）

　課税期間の特例の選択をするためには、「課税期間特例選択届出書」をその適用を受けようとする短縮に係る各期間開始の日の前日までに納税地を所轄する税務署長に提出しなければなりません。また、課税期間の特例の適用を最初に受ける場合には、年又は事業年度開始の日から適用開始の日の前日までを一つの課税期間として確定申告をしなければなりません。課税期間特例選択には2年間の継続適用要件があります。

4 調整対象固定資産を取得した場合の納税義務の免除の特例（消法9⑦、12の2②、12の3③、37③）

　次の①から③の期間中に調整対象固定資産を取得して原則課税で申告をした場合には、調整対象固定資産の仕入れ等を行った課税期間の初日から

3年を経過する日の属する課税期間までの各課税期間については、課税事業者として拘束され、簡易課税は選択できません。

> ①課税事業者を選択した場合の強制適用期間中
> ②資本金が1,000万円以上の新設法人の基準期間がない事業年度中
> ③特定新規設立法人の基準期間がない事業年度中

5 調整対象固定資産（消法2①十六、消令5）

調整対象固定資産とは、棚卸資産以外の資産で、建物及びその附属設備、構築物、機械及び装置、船舶、航空機、車両及び運搬具、工具、器具及び備品、鉱業権その他の資産で、一の取引単位の価額（税抜き）が100万円以上のものをいいます。

3 起こりうる判断ミスと対応策

事例に類似するミスとしては、次のようなものが想定されます。

> **1**「課税事業者選択届出書」の提出を失念してしまった
> **2**「課税事業者選択不適用届出書」の提出を失念してしまった

1「課税事業者選択届出書」の提出を失念してしまった

❶ 起こりうる判断ミス

「課税事業者選択届出書」を提出して、設備投資に係る消費税の還付を受けようとしたが、期限までに「課税事業者選択届出書」の提出を失念してしまった。

❷ ミスへの対応策

設備投資前に気づいた場合には、気づいた時点で「課税期間特例選択届出書」を提出して課税期間を区切り、翌課税期間からの「課税事業者選択届出書」を提出すれば、設備投資に係る消費税の還付を受けることができます。

2 「課税事業者選択不適用届出書」の提出を失念してしまった

1 起こりうる判断ミス

　免税事業者に該当することとなったにもかかわらず、過去に提出した「課税事業者選択届出書」の効力により課税事業者となってしまった。

2 ミスへの対応策

　気づいた時点で「課税期間特例選択届出書」を提出して課税期間を区切り、翌課税期間からの「課税事業者選択不適用届出書」を提出すれば、課税事業者としての期間を短くすることができます。

4 ポイント

❶「課税事業者選択届出書」の提出を失念した場合には、「課税期間特例選択届出書」を提出して課税期間を区切ることにより、不利な免税事業者の期間を短くすることができないか検討しましょう。

❷「課税事業者選択不適用届出書」の提出を失念した場合には、「課税期間特例選択届出書」を提出して課税期間を区切ることにより、不利な課税事業者の期間を短くすることができないか検討しましょう。

❸「課税事業者選択届出書」を提出して設備投資に係る消費税の還付を受ける場合には、原則課税の課税事業者として3年間拘束される（3年縛り）ことから、3年間のトータルで有利判定をする必要があります。

Q5 課税期間特例選択届出書で不利な簡易課税期間を短縮

　当社は不動産業を営んでおり、過去に「簡易課税制度選択届出書」を提出していますが、課税売上高が 5,000 万円を超えているため、原則課税での申告が続いていました。X3 年 3 月期に新たにテナントビルを新築取得し、自社で賃貸する予定です。ところが、X2 年 3 月期の決算作業中に X3 年 3 月期は簡易課税になることが判明しました。テナントビルの引渡しは 7 月を予定していますが、今からテナントビル新築に係る消費税の還付を受ける方法はありませんか。

A
　テナントビル引渡し前に「課税期間特例選択届出書」で課税期間を区切り、同時に「簡易課税制度選択不適用届出書」を提出すれば、引渡し課税期間は原則課税になりますので、テナントビル新築に係る消費税の還付を受けることができます。

▶解説

1 簡易課税制度選択不適用の届出

　簡易課税制度を選択している事業者がテナントビル新築に係る消費税の還付を受ける場合には、原則として、引渡しを受ける課税期間の初日の前日までに「簡易課税制度選択不適用届出」を提出しなければなりません。しかし、引渡し前に提出失念に気付いた場合には、「課税期間特例選択届出書」で課税期間を区切り、同時に「簡易課税制度選択不適用届出書」を

提出すれば、還付を受けることができます。なお、テナントビルが高額特定資産に該当する場合には、3年間、原則課税の課税事業者として拘束されることになります。

2 知っておくべき知識と留意点

事例のケースにおいて重要となる消費税法上の規定は次のとおりです。

1 簡易課税制度選択不適用届出書（消法 37 ⑤⑥）

簡易課税制度の適用を受けている事業者が簡易課税の適用をやめようとするときは、適用をやめようとする課税期間の初日の前日までに「簡易課税制度選択不適用届出書」を納税地の所轄税務署長に提出しなければなりません。ただし、簡易課税制度の適用を受けることとなった課税期間の初日から2年を経過する日の属する課税期間の初日以後でなければ提出することができません。

2 課税期間の短縮

課税期間は、個人事業者については1月1日から12月31日までの1年間であり、法人については事業年度とされています。ただし、特例として、届出により課税期間を3か月ごと又は1か月ごとに短縮することができます。

3 課税期間特例選択届出書（消法 19）

課税期間の特例の選択をするためには、「課税期間特例選択届出書」をその適用を受けようとする短縮に係る各期間開始の日の前日までに納税地を所轄する税務署長に提出しなければなりません。また、課税期間の特例の適用を最初に受ける場合には、年又は事業年度開始の日から適用開始の日の前日までを一つの課税期間として確定申告をしなければなりません。課税期間特例選択には2年間の継続適用要件があります。

4 高額特定資産を取得した場合の納税義務の免除の特例（消法12の4、37③三）

　事業者が事業者免税点制度及び簡易課税制度の適用を受けない課税期間中に高額特定資産の仕入れ等を行った場合には、その高額特定資産の仕入れ等の日の属する課税期間の翌課税期間から、その高額特定資産の仕入れ等の日の属する課税期間の初日以後3年を経過する日の属する課税期間までの各課税期間においては、事業者免税点制度及び簡易課税制度の適用ができません。

5 高額特定資産

　高額特定資産とは、一の取引の単位につき、課税仕入れに係る支払対価の額（税抜き）が1,000万円以上の棚卸資産又は調整対象固定資産をいいます。

3 起こりうる判断ミスと対応策

　事例に類似するミスとしては、次のようなものが想定されます。

> **1**「簡易課税制度選択不適用届出書」の提出を失念してしまった
> **2**「簡易課税制度選択届出書」の提出を失念してしまった

1「簡易課税制度選択不適用届出書」の提出を失念してしまった

　❶ 起こりうる判断ミス

　　業態変更等により原則課税が有利となったにもかかわらず「簡易課税制度選択不適用届出書」の提出を失念した。

　❷ ミスへの対応策

　　気づいた時点で「課税期間特例選択届出書」を提出して課税期間を区切り、翌課税期間からの「簡易課税制度選択不適用届出書」を提出すれば、不利な簡易課税での期間を短くすることができます。

2 「簡易課税制度選択届出書」の提出を失念してしまった

❶ 起こりうる判断ミス

　課税仕入れの大幅な減少が予測され、簡易課税が有利となったにもかかわらず、「簡易課税制度選択届出書」の提出失念により、不利な原則課税での申告となってしまった。

❷ ミスへの対応策

　気づいた時点で「課税期間特例選択届出書」を提出して課税期間を区切り、翌課税期間からの「簡易課税制度選択届出書」を提出すれば、不利な原則課税での期間を短くすることができます。

4 ポイント

❶「簡易課税制度選択不適用届出書」の提出を失念した場合には、「課税期間特例選択届出書」を提出して課税期間を区切ることにより、不利な簡易課税の期間を短くすることができないか検討しましょう。

❷「簡易課税制度選択届出書」の提出を失念した場合には、「課税期間特例選択届出書」を提出して課税期間を区切ることにより、不利な原則課税の期間を短くすることができないか検討しましょう。

❸「簡易課税制度選択不適用届出書」を提出して設備投資に係る還付を受ける場合には、原則課税の課税事業者として3年間拘束される（3年縛り）ことから、3年間のトータルで有利判定をする必要があります。

所得税と消費税の「事業を開始した日」

　新たに個人で太陽光発電事業を開始するため X1 年 8 月に工
事請負契約を締結し、契約金を支払いました。太陽光発電設備
の完成引渡し及び売電開始は X2 年 2 月を予定しています。「事
業を開始した日」を X2 年と考えて X2 年中に「課税事業者選択
届出書」を提出すれば、太陽光発電設備に係る消費税の還付は
受けられますか。

　消費税法における「事業を開始した日」は課税資産の譲渡等に
係る事業を開始した日であり、これには開業準備を行った日も含
まれます。したがって X1 年中に X2 年からの「課税事業者選択
届出書」を提出しなければ消費税の還付は受けられません。

▶ 解説

1 「事業を開始した日」は必要な準備行為を行った日

　消費税法における「事業を開始した日」とは、課税資産の譲渡等に係る
事業を開始した日であり、これには、新たに事業を行うにあたり必要な準
備行為を行った日も含まれます。これに対し、所得税法において「開業日」
には特段の定めがないことから、課税実務上、具体的に事業開始に至った
日をいうものと考えられます。したがって、開業準備行為を行った日と開
業日が年をまたいでいる場合には、開業準備行為を行った日を含む年にお
いて「課税事業者選択届出書」を提出しないと、設備投資に係る消費税の

還付が受けられなくなります。

2 知っておくべき知識と留意点

　事例のケースにおいて重要となる消費税法上の規定は次のとおりです。

1 課税事業者の選択（消法9④）

　免税事業者が、基準期間における課税売上高が1,000万円以下である課税期間につき「課税事業者選択届出書」を納税地を所轄する税務署長に提出した場合には、提出をした事業者が提出をした日の属する課税期間の翌課税期間（提出をした日の属する課税期間が事業を開始した日の属する課税期間等^(※)である場合には、その課税期間）以後の課税期間中に国内において行う課税資産の譲渡等及び特定課税仕入れについては、納税義務は免除されません。

（※）事業を開始した日の属する課税期間は、事業者が国内において課税資産の
　　　譲渡等に係る事業を開始した日の属する課税期間です（消令20①）。

2 裁決事例における「事業を開始した日」の法令解釈

　「事業を開始した日」については以下の裁決事例が参考になります。

　消費税法第9条第4項は、原則として、免税事業者となる者であっても、消費税課税事業者選択届出書を提出した場合には、その日の属する課税期間の翌課税期間から課税事業者となるものとしつつ、消費税課税事業者選択届出書を提出した日の属する課税期間が事業を開始した日の属する課税期間である場合には、当該課税期間の開始前に、同課税期間中の課税売上げ及び課税仕入れの発生等を予測し、当該課税期間において課税事業者となるかどうかの判断をして消費税課税事業者選択届出書を提出することが、必ずしも容易でないことに配慮し、例外として、新たに事業を開始した事業者に対して、当該事業を開始した日の属する課税期間から課税事業者となることを選択する機会を与えたものと解される。

　そして、消費税法第9条第4項を受けて規定された消費税法施行令第20条第1号は「課税資産の譲渡等に係る事業を開始した日」と規定し「課税資産の譲渡等を開始した日」と規定していないこと、新たに事業を行うに当たっては当該事業を行うために必要な資産の取得契約の締結や商品及び材料の購入などの準備行為を行うのが通常であること、これらに上記の消費税法第9条第4項の趣旨を併せ考えると、新たに事業を行うに当たり必要な準備行為を行った日の属する課税期間は、消費税法施行令第20条第1号に規定する「課税資産の譲渡等に係る事業を開始した日の属する課税期間」に該当すると解するのが相当である。

（国税不服審判所公表裁決事例：平成29年6月16日裁決一部抜粋）

3 起こりうる判断ミスと対応策

事例に類似するミスとしては、次のようなものが想定されます。

「事業を開始した日」を売電事業を開始した日と誤認してしまった

❶ 起こりうる判断ミス

　X1年中に太陽光発電事業の開業準備行為を行っており、X1年が「事業を開始した日」であるにもかかわらず、太陽光発電設備の完成引渡しを受け、売電事業を開始したX2年を「事業を開始した日」と誤認したため、X1年中にX2年からの「課税事業者選択届出書」の提出を失念してしまい、太陽光発電設備に係る消費税の還付が受けられなくなってしまった。

❷ ミスへの対応策

　新たに事業を開始する場合には、「必要な準備行為を行った日」が「事業を開始した日」となります。したがって、「事業を開始した日」に還付を受けたい場合には、「必要な準備行為を行った日」の年末まで

に「課税事業者選択届出書」を提出しなければなりません。

　なお、事例のように、X2年（必要な準備行為を行った日の属する年の翌年）の「課税事業者選択届出書」を事前に提出できなかった場合でも、X2年の太陽光発電設備完成引渡し前に、届出書の提出失念に気付いた場合には、課税期間を短縮することによって太陽光発電設備に係る消費税の還付が受けられる場合がありますので、課税期間短縮によってミスがカバーできないかどうか検討しましょう（**Q4** 参照）。

4 ポイント

❶ 所得税法において「事業を開始した日」は明文規定がなく、実務上、具体的に事業開始に至った日をいいます。

❷ 消費税法において「事業を開始した日」とは、課税資産の譲渡等に係る事業を開始した日であり、これには、新たに事業を行うにあたり必要な準備行為を行った日も含まれます。

❸「必要な準備行為を行った日」の属する年に消費税の還付を受けたい場合には、その年の年末までに「課税事業者選択届出書」を提出しなければなりません。

❹ 2年目（必要な準備行為を行った日の属する年の翌年）に消費税の還付を受けたい場合には、前年の年末までに翌年からの「課税事業者選択届出書」を提出しなければなりません。

法人税と消費税の「事業を開始した日」

当社は子会社管理を目的とする持株会社であり、X1年3月期に設立しましたが、X1年3月期は設立登記を行ったのみでその後一切事業活動は行っていません。X4年3月期に賃貸不動産を購入し事業活動を開始しました。X4年3月期中に「課税事業者選択届出書」を提出すれば、賃貸不動産購入に係る消費税の還付は受けられますか。

 X1年3月期に設立登記を行ったのみで、X4年3月期に賃貸不動産を購入し、事業活動を開始した場合には、X4年3月期が事業を開始した日の属する課税期間になりますので、X4年3月期の末日までに「課税事業者選択届出書」を提出すれば還付は受けられます。

▶ 解説

1 法人税法における「事業を開始した日」

　法人税法における事業を開始した日は、設立登記日とされています。ただし、設立日の属する課税期間においては設立登記を行ったのみで事業活動を行っていなければ、消費税法上は実質的に事業活動を開始したX4年3月期が事業を開始した日とみなされます。したがってX4年3月期の末日までに「課税事業者選択届出書」を提出すれば還付は受けられます。

　なお、法人においては、設立日前に開業準備のための課税仕入れ等を行った場合には、設立初年度の課税仕入とすることができます。したがって、個人のように、「事業を開始した日」の認識の違いにより「課税事業者選択届出書」提出のタイミングがずれて、消費税の還付を受け損なうことはありません。

2 知っておくべき知識と留意点

事例のケースにおいて重要となる消費税法上の規定は次のとおりです。

① 課税事業者の選択（消法9④）

免税事業者が、その基準期間における課税売上高が1,000万円以下である課税期間につき「課税事業者選択届出書」をその納税地を所轄する税務署長に提出した場合には、その提出をした事業者がその提出をした日の属する課税期間の翌課税期間（その提出をした日の属する課税期間が事業を開始した日の属する課税期間等^(※)である場合には、当該課税期間）以後の課税期間中に国内において行う課税資産の譲渡等及び特定課税仕入れについては、納税義務は免除されません。

（※）事業を開始した日の属する課税期間は、事業者が国内において課税資産の譲渡等に係る事業を開始した日の属する課税期間です（消令20①）。

② 法人における課税資産の譲渡等に係る事業を開始した課税期間の範囲（消基通1-4-7）

その事業者が法人である場合の事業を開始した日の属する課税期間等の範囲に規定する「国内において課税資産の譲渡等に係る事業を開始した日の属する課税期間」とは、原則として、その法人の設立の日の属する課税期間をいいますが、例えば、非課税資産の譲渡等に該当する社会福祉事業のみを行っていた法人又は国外取引のみを行っていた法人が新たに国内において課税資産の譲渡等に係る事業を開始した課税期間もこれに含まれます。なお、設立の日の属する課税期間においては設立登記を行ったのみで事業活動を行っていない法人が、その翌課税期間等において実質的に事業活動を開始した場合には、その課税期間等もこれに含まれます。

③ 法人の設立期間中の資産の譲渡等及び課税仕入れの帰属（消基通9-6-1）

法人の設立期間中にその設立中の法人が行った資産の譲渡等及び課税仕入れは、その法人のその設立後最初の課税期間における資産の譲渡等及び

課税仕入れとすることができます。

3 起こりうる判断ミスと対応策

事例に類似するミスとしては、次のようなものが想定されます。

> 「課税事業者選択届出書」の提出期限を誤認していた

❶ 起こりうる判断ミス

　　依頼者は子会社管理を目的とする持株会社であり、設立初年度は設立登記を行ったのみで、課税資産の譲渡取引を一切行っていなかった。そして設立4期目に税理士に事前に相談せずに、賃貸不動産を購入した。

　　税理士はこれを決算月に知らされたため、「今からでは消費税の還付は受けられない」と説明し、何の手立ても講じなかった。しかし、実際には、この賃貸不動産の購入が法人にとってはじめての課税取引であったことから、期末までに「課税事業者選択届出書」を提出していれば還付が受けられた。

❷ ミスへの対応策

　　法人税法における「事業を開始した日」は設立登記日ですが、消費税法上は「実質的に事業活動を開始した日」になります。したがって、上記ケースの場合には、賃貸不動産を購入した日になりますので、設立4期目の期末までに「課税事業者選択届出書」を提出していれば還付を受けられたことになります。税理士は法人がどのような状況にあるのかを常に把握し、法人の事業実態に変化がある場合には、その情報が事前に伝わるような仕組みを作っておくことが必要です。

4 ポイント

❶ 法人税法における「事業を開始した日」とは、原則として、その法人の設立の日の属する課税期間をいいます。

❷法人が設立日前に開業準備のための課税仕入れ等を行った場合には、設立初年度の課税仕入とすることができます。したがって、個人のように、「事業を開始した日」の認識の違いにより、消費税の還付を受け損なうことはありません。

❸設立の日の属する課税期間においては設立登記を行ったのみで事業活動を行っていない法人が、その翌課税期間等において実質的に事業活動を開始した場合には、その課税期間等を消費税法における「事業を開始した日」とすることができます。

2 課税売上割合に準ずる割合の適用承認申請書

Q8 たまたま土地の譲渡があった場合

当社は本社移転に伴い、X2年3月期に土地を譲渡する予定です。毎期課税売上高が5,000万円超であることから、仕入税額控除の計算は原則課税で行っています。消費税法上注意すべき点があれば教えてください。

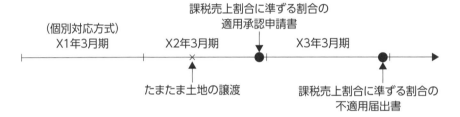

A 土地の譲渡により、課税売上割合が著しく低くなる場合には、X2年3月期に個別対応方式により仕入控除税額の計算を行い、X2年3月末までに「課税売上割合に準ずる割合の適用承認申請書」を提出して、X2年4月末までに所轄税務署長の承認を受ければ、課税売上割合に準ずる割合により仕入控除税額を計算することができます。

解説

1 課税売上割合に準ずる割合の適用（消法30③）

課税事業者が課税売上げに係る消費税の額から控除する仕入控除税額を個別対応方式によって計算する場合には、課税売上げと非課税売上げに共通して要する課税仕入れ等に係る消費税については、原則として、課税売上割合により計算します。しかし、課税売上割合により計算した仕入控除

29

税額がその事業者の事業の実態を反映していないなど、課税売上割合により仕入控除税額を計算するよりも、課税売上割合に準ずる割合によって計算する方が合理的である場合には、課税売上割合に代えて課税売上割合に準ずる割合によって仕入控除税額を計算することができます。

2 知っておくべき知識と留意点

　事例のケースにおいて重要となる消費税法上の規定は次のとおりです。

■ 課税売上割合に準ずる割合の適用承認申請書（消法30③、消令47⑥）

　課税売上割合に準ずる割合を適用するためには、納税地を所轄する税務署長に「課税売上割合に準ずる割合の適用承認申請書」を提出して、適用しようとする課税期間の末日までに承認を受ける必要があります。なお、課税期間の末日までに上記申請書の提出があった場合において、1月以内に税務署長の承認を受けたときは、その課税期間の末日において承認があったものとみなされます。

② たまたま土地の譲渡があった場合の課税売上割合に準ずる割合の承認

　たまたま土地の譲渡があった場合、すなわち土地の譲渡が単発のものであり、かつ、その土地の譲渡がなかった場合には、事業の実態に変動がないと認められるときに限り、次の①または②の割合のいずれか低い割合により課税売上割合に準ずる割合の承認申請ができます。

---

①その土地の譲渡があった課税期間の前3年に含まれる課税期間の通算課税売上割合

②その土地の譲渡があった課税期間の前課税期間の課税売上割合

　なお、「土地の譲渡がなかったとした場合に、事業の実態に変動がないと認められる場合」とは、事業者の営業の実態に変動がなく、かつ、過去3年間で最も高い課税売上割合と最も低い課税売上割合の差が5％以内である場合をいいます。また、この課税売上割合に準ずる割合の承認は、た

またま土地の譲渡があった場合に行うものであることから、その課税期間において適用したときは、翌課税期間において「課税売上割合に準ずる割合の不適用届出書」を提出しなければなりません。

3 通算課税売上割合

通算課税売上割合とは、仕入れ等の課税期間から第3年度の課税期間までの各課税期間（以下「通算課税期間」といいます）中に国内において行った資産の譲渡等の対価の額の合計額のうちに、その通算課税期間中に国内において行った課税資産の譲渡等の対価の額の合計額の占める割合を、一定の方法で通算した割合をいいます。

3 起こりうる判断ミスと対応策

課税売上割合に準ずる割合の適用を受けようとする場合、次のようなミスが想定されます。

---

1 申請書の提出を失念してしまった
2 2年縛りにより一括比例配分方式になってしまった

---

1 申請書の提出を失念してしまった

❶ 起こりうる判断ミス

土地の譲渡があることを事前に聞いていたにもかかわらず、「課税売上割合に準ずる割合の適用承認申請書」の提出を失念してしまった。

❷ ミスへの対応策

土地の譲渡が決まった時点で、課税売上割合に準ずる割合の適用の有無を検討し、適用が有利な場合には、期限までに忘れずに申請書を提出することが必要です。

2 2年縛りにより一括比例配分方式になってしまった

❶ 起こりうる判断ミス

X2年3月期に土地を譲渡する予定があることを聞いていたにもか

かわらず、X1年3月期を一括比例配分方式で申告したため、2年縛りによりX2年3月期が一括比例配分方式となり、課税売上割合に準ずる割合の適用ができなくなってしまった。

② ミスへの対応策

　課税売上割合に準ずる割合の適用を受けるためには、仕入控除税額を個別対応方式によって計算しなければなりません。したがって、土地の譲渡が決まった時点で、課税売上割合に準ずる割合の適用の有無を検討し、適用が有利な場合には、前事業年度の仕入控除税額を個別対応方式で計算し、適用事業年度に個別対応方式が選択できる状態にしておくことが必要です。

4 ポイント

❶ たまたま土地の譲渡があった場合には、課税売上割合に準ずる割合の適用が受けられないかどうかを検討し、適用が受けられる場合には、適用課税期間の末日までに「課税売上割合に準ずる割合の適用承認申請書」を提出し、1か月以内に承認を受ける必要があります。

❷ 課税売上割合に準ずる割合の適用を受けるためには、個別対応方式で仕入控除税額を計算しなければならないため、一括比例配分方式の2年縛りにより、適用事業年度が一括比例配分方式にならないように注意する必要があります。

3 災害等による特例承認申請書

 災害等による簡易課税制度選択（不適用）届出に係る特例承認申請書

　当社は簡易課税制度を選択していますが、今期発生した特定非常災害の影響により、売上が見込めず、事業用資産等を再取得しなければならないことから、原則課税に戻したいと考えていますが、可能でしょうか。

A 　災害のやんだ日から2か月以内に、「災害等による消費税簡易課税制度選択（不適用）届出に係る特例承認申請書」を提出し、認められれば、原則課税に戻すことができます。

▶ 解説

1 災害等による消費税簡易課税制度選択（不適用）届出に係る特例

　災害その他やむを得ない理由が生じたことにより、被害を受けた事業者が、災害等の生じた日の属する課税期間等について、簡易課税制度の適用を受けることをやめたいときは、災害その他やむを得ない理由のやんだ日から2か月以内に上記特例申請書を提出し、納税地の所轄税務署長の承認を受けた場合には、原則課税に戻すことができます（以下「災害特例」といいます）。

2 知っておくべき知識と留意点

事例のケースにおいて重要となる消費税法上の規定は次のとおりです。

1 災害等があった場合の簡易課税制度の届出に関する特例 (消法 37 の 2)

災害その他やむを得ない理由が生じたことにより被害を受けた事業者が、その被害を受けたことにより、その災害その他やむを得ない理由の生じた日の属する課税期間（その課税期間の翌課税期間以後の課税期間のうち一定の課税期間を含みます。以下「不適用被災課税期間」といいます）につき簡易課税制度の適用を受ける必要がなくなった場合において、その不適用被災課税期間につき所轄税務署長の承認を受けたときは、「簡易課税制度選択不適用届出書」をその承認を受けた不適用被災課税期間の初日の前日にその税務署長に提出したものとみなされます。この場合には、簡易課税制度の 2 年間の継続適用要件はありません。

2 災害特例の適用要件

災害特例の承認を受けようとする事業者は、特例の規定の適用を受けることが必要となった事情その他一定の事項を記載した「災害等による消費税簡易課税制度選択（不適用）届出に係る特例承認申請書」及び「簡易課税制度選択不適用届出書」を、災害その他やむを得ない理由のやんだ日から 2 か月以内（その災害その他やむを得ない理由のやんだ日がその申請に係る不適用被災課税期間の末日の翌日以後に到来する場合には、その不適用被災課税期間に係る確定申告書の提出期限まで）に、その納税地を所轄する税務署長に提出しなければなりません。

なお、上記 1 2 は簡易課税制度選択においても同様です。

3 収入の著しい減少は不要

災害特例は、消費税法 37 条の 2 に定められた簡易課税制度に係る特例であり、新型コロナ税特法による特例ではないため、事業としての収入の著しい減少（前年同時期と比べて概ね 50%以上減少）要件は不要です。

3 起こりうる判断ミスと対応策

事例の場合、次のような判断ミスが想定されます。

---

1 申請可能期限を誤認していた

2 収入の著しい減少が要件だと思い込んでいた

---

1 申請可能期限を誤認していた

❶ 起こりうる判断ミス

　災害等の生じた日の属する課税期間の申告期限を過ぎたら申請はできないものと思いこみ、申請書を提出しなかった。

❷ ミスへの対応策

　上記 **2** **2** のように、災害その他やむを得ない理由のやんだ日から 2 か月以内との規定になっていますので、例えば新型コロナウイルス感染症のように、その影響が数期にわたって及ぶ場合には、災害発生の翌期においても適用が可能です。

2 収入の著しい減少が要件だと思い込んでいた

❶ 起こりうる判断ミス

　収入の著しい減少（前年同時期と比べて概ね 50％以上減少）要件が必要なものと思い込み、申請書を提出しなかった。

❷ ミスへの対応策

　上記 **2** **3** のように、この災害特例は、消費税法 37 条の 2 に定められた簡易課税制度に係る特例であり、新型コロナ税特法による特例ではないため、事業としての収入の著しい減少要件は不要です。

4 ポイント

❶ 災害特例の申請期限は「災害その他やむを得ない理由のやんだ日から2か月以内」であるため、例えば新型コロナウイルス感染症のように、その影響が数期にわたって及ぶ場合には、災害発生の翌期においても適用が可能です。

❷ 災害特例は消費税法の特例であるため、新型コロナ税特法に定められた収入の著しい減少要件は不要です。

❸ 災害特例により簡易課税になった場合には2年縛りの適用はありません。

4 申告期限延長届出書

法人に係る消費税の申告期限の特例

当社は3月決算法人です。法人税については申告期限の延長の特例を受けており、毎期6月末に申告書を提出しています。消費税についても申告期限を延長することはできますか。

A 貴社が法人税の提出期限の延長特例の適用を受けていれば、「消費税申告期限延長届出書」を提出することにより、消費税の提出期限も1か月延ばすことができます。

▶ 解説

1 法人に係る消費税の申告期限の特例（消法45の2）

法人税の確定申告書の提出期限の延長の特例の適用を受ける法人が、「消費税申告期限延長届出書」を提出した場合には、その提出をした日の属する事業年度以後の各事業年度終了の日の属する課税期間に係る消費税の確定申告の提出期限については、その課税期間の末日から3か月以内に延長されます。

2 知っておくべき知識と留意点

事例のケースにおいて重要となる税法上の規定は次のとおりです。

1 利子税がかかる

上記特例の適用により、消費税の確定申告の期限が延長された期間の消費税及び地方消費税については、その延長された期間に係る利子税を併せ

て納付することとなります。

２ 中間申告や短縮された課税期間の申告期限は対象外

　上記特例の適用により、消費税の確定申告の期限が延長された場合でも、中間申告（年11回中間申告を行う場合の１回目及び２回目の中間申告対象期間を除きます）の期限や課税期間の特例により短縮された課税期間（事業年度終了の日の属する課税期間を除きます）に係る確定申告の期限は延長されません。

３ 法人税における申告期限の延長の特例（法法75の2）

　定款等の定め又は特別の事情により各事業年度終了の日の翌日から２か月以内にその事業年度の決算についての定時総会が招集されない常況にあると認められる場合には、納税地の所轄税務署長は、法人の申請に基づき、その事業年度以後の各事業年度のその申告書の提出期限を１か月間延長することができます。なお、延長の特例の適用により、法人税の確定申告の期限が延長された期間の法人税については、その延長された期間に係る利子税を併せて納付することとなります。

3 起こりうる判断ミスと対応策

　事例の場合、次のような判断ミスが想定されます。

> ■ 法人税の申告期限の延長の特例の適用を受けていなかった
> ２ 利子税を支払わなかった
> ３ 短縮された課税期間にも適用していた

■ 法人税の申告期限の延長の特例の適用を受けていなかった

❶ 起こりうる判断ミス

　　法人税の申告期限の延長の特例の適用を受けていないにもかかわらず、「消費税申告期限延長届出書」を提出したため、消費税の申告期限の特例の適用が受けられなかった。

②知っておきたい知識

　上記 **1** のとおり、法人税の申告期限の延長の特例の適用を受けている法人のみが適用対象となります。

2 利子税を支払わなかった

①起こりうる判断ミス

　利子税はかからないものと思い込み、消費税額のみを納付していた。

②知っておきたい知識

　上記 **2** **1** のとおり、申告期限は延長されますが、納付期限は延長されません。2か月以内に納付をしなければ利子税がかかりますので、実務上は見込み納付をすることになります。

3 短縮された課税期間にも適用していた

①起こりうる判断ミス

　課税期間を短縮した場合にも適用があると思い込み、申告期限を徒過して申告及び納付をしていた。

②知っておきたい知識

　上記 **2** **2** のとおり、中間申告や短縮された課税期間の申告期限は対象外です。原則として課税期間の末日から2か月以内に申告、納付する必要があります。

4 ポイント

①消費税の申告期限の特例は、法人税の申告期限の延長の特例の適用を受けている法人のみが適用対象となります。

②消費税の申告期限の特例により、申告期限は延長されますが、納付期限は延長されませんので、実務上は見込み納付を行います。

③消費税の申告期限の特例は、中間申告や短縮された課税期間の申告期限においては原則として対象になりません。

5 事業廃止届出書

Q11 事業廃止届出書と簡易課税制度選択不適用届出書

私（甲）は、個人事業主として電気設備管理業を行っており、簡易課税により消費税の計算をしていましたが、このたび、法人成りすることになりました。所得税にかかる「個人事業の開業・廃業等届出書」は提出しましたが、消費税の「事業廃止届出書」を提出する必要はありますか。

 「個人事業の開業・廃業等届出書」と一緒に消費税の「事業廃止届出書」を提出する必要があります。

解説

1 事業廃止届出書

廃業する事業のほかに課税売上げに当たる所得（不動産所得等）がない場合には、「個人事業の開業・廃業等届出書」と一緒に消費税の「事業廃止届出書」も提出する必要があります。

2 知っておくべき知識と留意点

事例のケースにおいて知っておきたい消費税法上の規定は次のとおりです。

1 事業廃止届出書（消法57①三）

事業者が事業を廃止した場合には、その旨を記載した届出書を速やかに

その事業者の納税地の所轄税務署長に提出しなければなりません。なお、事業廃止により、「課税事業者選択不適用届出書」、「課税期間特例選択不適用届出書」、「簡易課税制度選択不適用届出書」、「任意の中間申告書を提出することの取りやめ届出書」、「消費税申告期限延長不適用届出書」のいずれかの届出書に事業を廃止した旨を記載して提出した場合には、他の不適用届出書等及び事業廃止届出書の提出があったものとして取り扱われます。

　また、事業廃止届出書を提出した場合には、これらの不適用届出書等の提出があったものとして取り扱われます。

② 「事業廃止届出書」と「簡易課税制度選択不適用届出書」の関係

　「事業廃止届出書」を提出した場合には、「簡易課税制度選択不適用届出書」の提出があったものとして取り扱われるため、その提出日の属する年の翌年から、「簡易課税制度選択届出書」はその効力を失います。したがって、個人事業を再開した場合で、簡易課税を選択したいときは、その再開した日の属する年の末日までに再度「簡易課税制度選択届出書」を提出する必要があります。

3 起こりうる判断ミスと対応策

　事例の場合、次のような判断ミスが想定されます。

> 「事業廃止届出書」提出後に個人事業を再開したが、「簡易課税制度選択届出書」の効力は失っていないと思い込んでいた

❶ 起こりうる判断ミス

　甲は、簡易課税が有利であることから、以前から簡易課税を選択していた。X1年に法人成りをしたことから、個人に係る消費税の「事業廃止届出書」を提出した。その後、甲の以前からの顧客の要望により、X2年に個人事業を一部再開することになった。甲は個人事業主

時代に提出した「簡易課税制度選択届出書」は不適用届出書を提出するまでは有効であるものと思い込み、「簡易課税制度選択届出書」を提出しないまま、X2年分の消費税を有利な簡易課税で申告してしまった。

❷ ミスへの対応策

　上記 **2** **2** のとおり、「事業廃止届出書」を提出した時点で、簡易課税制度選択届出書の効力は失われていますので、「簡易課税制度選択届出書」の再提出が必要です。このミスは、簡易課税制度は一度選択をすると「簡易課税制度選択不適用届出書」を提出しない限り、原則課税にはならないという思い込みに起因しています。思い込みはせずに、常に条文等にあたるように心がけましょう。

4 ポイント

　事業廃止届出書を提出した場合には、消費税における全ての選択届出書に係る不適用届出書等の提出があったものとして取り扱われます。

なぜ「簡易課税制度選択届出書」の提出は課税期間の前日まで？

　中小企業者にとっては基準期間の課税売上高が 5,000 万円以下であれば、事務負担を軽減するため、もしくは消費税額を抑えるために簡易課税制度を選択したいところです。しかし、適用を受けるためには課税期間開始日の前日までに「簡易課税制度選択届出書」を提出しなければならないことから、適用を受けたい事業年度になってから届出書が未提出であったことに気付くといったミスが後を絶ちません。

　この提出期限の取扱いについて、以前、国会において、ある議員が「現在の「簡易課税制度選択届出書」の提出期限を（適用を受けようとする事業年度の末日までに）見直す必要もあるのでは」との意見を述べたことがあります。これに対し、主税局長は「もともと簡易課税制度は中小企業の事務負担を軽減させるために設けられている制度であるところ、簡易課税制度の選択届出書の提出期限を適用を受けようとする事業年度の末日とすると、消費税の本則にしたがって仕入税額控除を適用した場合の消費税額と、簡易課税制度を選択した場合の消費税額を比較していずれか低い金額を納付消費税額とするいわゆる益税も懸念される。仮に提出期限を事業年度の末日まで延長すると、益税の発生を制度的に容認していることになりかねないことから、適用を受けようとする事業年度開始日の前日までに選択の有無を明らかにする制度としている」と答えています。

　納得の回答ですが、税理士泣かせな制度であることは間違いありません。

第 **2** 章

納税義務の判定

1 基準期間の課税売上高

Q12 課税期間を短縮している場合

当社は「課税期間特例選択届出書」を提出して課税期間を3か月に短縮して申告しています。ところでX3年9月期の基準期間の課税売上高は、「課税期間開始の日の2年前の日の前日から1年を経過する日までの各課税期間」であるX1年9月期からX2年6月期までの合計額でしょうか。

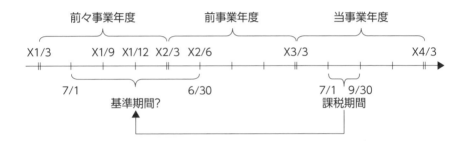

消費税法の規定において、基準期間は「課税期間」ではなく、「年」や「事業年度」を基礎に規定されています。したがって、X3年9月期の基準期間はその事業年度の前々事業年度になりますので、X2年3月期（X1年4月からX2年3月までの12か月）です。

> 解説

1 基準期間の判定

基準期間は「課税期間」ではなく、「年」や「事業年度」を基礎に規定されています。したがって、課税期間を短縮しても、納税義務の判定は課税期間を短縮していない場合と同様の「年」や「事業年度」をベースに考えます。したがって、その年や事業年度に含まれる短縮された各課税期間

の納税義務の判定は統一され、変わりません。なお、この考え方は特定期間においても同様です。

2 知っておくべき知識と留意点

事例のケースにおいて重要となる消費税法上の規定は次のとおりです。

1 基準期間（消法 2 ①十四）

個人事業者についてはその年の前々年をいい、法人についてはその事業年度の前々事業年度（その前々事業年度が 1 年未満である法人については、その事業年度開始の日の 2 年前の日の前日から同日以後 1 年を経過する日[※]までの間に開始した各事業年度を合わせた期間）をいいます。

区分	前々事業年度	基準期間
個人	—	その年の前々年
法人	1 年	その事業年度の前々事業年度
	1 年未満	その事業年度開始の日の 2 年前の日の前日から同日以後 1 年を経過する日までの間に開始した各事業年度を合わせた期間

(※)具体例（法人の X4 年 3 月期の基準期間の判定）

- その事業年度開始の日→ X3 年 4 月 1 日
- 2 年前の日の前日→ X1 年 4 月 1 日
- 同日以後 1 年を経過する日→ X2 年 3 月 31 日

　つまり、X1 年 4 月 1 日から X2 年 3 月 31 日までに開始した事業年度を合わせた期間が基準期間。なお、これにより基準期間が 1 年でない法人は、1 年換算する必要があります。

3 起こりうる判断ミスと対応策

事例の場合、次のような判断ミスが想定されます。

> **1** 個人事業者の基準期間を年換算してしまった
> **2** 期間短縮をしている法人の基準期間を誤認してしまった

1 個人事業者の基準期間を年換算してしまった

❶ 起こりうる判断ミス

X1年6月に開業した個人事業者のX3年の納税義務の判定を、年換算が必要ないにもかかわらず年換算して課税事業者と判断し、申告書を提出してしまった。

❷ ミスへの対応策

個人事業者は暦年で判定するため、年換算という概念はありません。

2 期間短縮をしている法人の基準期間を誤認してしまった

❶ 起こりうる判断ミス

課税期間を3か月に短縮している法人の基準期間を「課税期間開始の日の2年前の日の前日から1年を経過する日までの各課税期間を合わせた期間」で判定したため、有利な簡易課税が適用できないと思い込み不利な原則課税で申告してしまった。

❷ ミスへの対応策

上記 **1** のように、法人の基準期間は、「課税期間」ではなく「事業年度」で判定するため、課税期間が短縮されていても、納税義務の有無は事業年度において全て統一され、変わることはありません。

4 ポイント

❶ 課税期間を短縮しても、基準期間の判定は課税期間を短縮していない
場合と同様の「年」や「事業年度」をベースに考えます。したがって、
その年や事業年度に含まれる短縮された各課税期間の基準期間の判定は
同じになり、変わることはありません。

❷ 個人事業者は暦年で判定するため、基準期間の課税売上高の計算上、
年換算することはありません。

事業年度を変更した場合

　　当社は不動産賃貸業を営む３月決算法人です。消費税は簡易課税が有利なため、簡易課税を選択しています。このたび、テナントビルの建て替えを行い、X3年6月に完成引渡しを受けるため、X2年3月末までに「簡易課税制度選択不適用届出書」を提出すべきところ、これを失念してしまいました。X2年5月にこれに気付いたため、事業年度を3月から5月に変更し、改めてX3年6月からの「簡易課税制度選択不適用届出書」を提出しようと思います。何か問題はありますか。

A　　ご質問の場合、テナントビルの完成引渡し前で課税期間を区切って「簡易課税制度選択不適用届出書」を提出すれば、テナントビルの取得に係る消費税の還付は受けられます。課税期間を区切る方法としては、①事業年度の変更と②課税期間の短縮があります。どちらを採用するかは有利選択を行ったうえで判断しましょう。なお、事業年度を変更すると基準期間が変わるため、影響がないかを事前に確認しましょう。

▶ **解説**

1 事業年度の変更と課税期間の短縮

　上記①の事業年度を変更する場合には、以下の手続きが必要です。

- 株主総会の特別決議
- 定款の変更
- 株主総会議事録の作成
- 異動届出書の提出

　事業年度を変更すると基準期間が変わりますので、影響がないかどうか確認しましょう。

　これに対し、②の課税期間の短縮は届出書一枚で手続きが完了します。

ただし2年間、短縮された課税期間ごとに申告書を作成して納付しなければなりません。これを比較すると次表のようになります。

〈事業年度変更と課税期間短縮の比較〉

	①事業年度の変更	②課税期間の短縮
手続き	手間がかかる	短縮届出書提出のみ
申告納付	変更時のみ必要	課税期間ごとに必要
基準期間	変わる	変わらない
継続適用要件	―	あり（2年）

2 知っておくべき知識と留意点

　事例のケースにおいて重要となる消費税法上の規定は次のとおりです。

1 基準期間（消法2①十四）

　個人事業者についてはその年の前々年をいい、法人についてはその事業年度の前々事業年度（その前々事業年度が1年未満である法人については、その事業年度開始の日の2年前の日の前日から同日以後1年を経過する日(※)までの間に開始した各事業年度を合わせた期間）をいいます。

区分	前々事業年度	基準期間
個人	—	その年の前々年
法人	1年	その事業年度の前々事業年度
	1年未満	その事業年度開始の日の2年前の日の前日から同日以後1年を経過する日までの間に開始した各事業年度を合わせた期間

（※）具体例（法人のX4年3月期の基準期間の判定）

- その事業年度開始の日→X3年4月1日

- 2年前の日の前日→X1年4月1日

- 同日以後1年を経過する日→X2年3月31日

　つまり、X1年4月1日からX2年3月31日までに開始した事業年度を合わせた期間が基準期間。なお、これにより基準期間が1年でない法人は、1年換算する必要があります。

② 課税期間の短縮

　課税期間は、個人事業者については1月1日から12月31日までの1年間であり、法人については事業年度とされています。ただし、特例として、届出により課税期間を3か月ごと又は1か月ごとに短縮することができます。

③ 課税期間特例選択届出書（消法19）

　課税期間の特例の選択をするためには、「課税期間特例選択届出書」をその適用を受けようとする短縮に係る各期間開始の日の前日までに納税地を所轄する税務署長に提出しなければなりません。また、課税期間の特例の適用を最初に受ける場合には、年又は事業年度開始の日から適用開始の日の前日までを一つの課税期間として確定申告をしなければなりません。課税期間特例選択には2年間の継続適用要件があります。

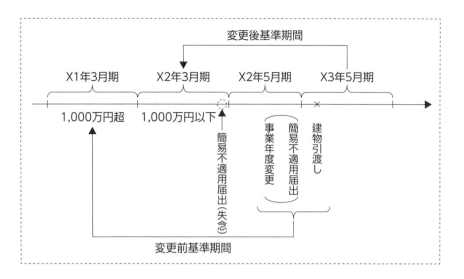

3 起こりうる判断ミスと対応策

事例の場合、次のような判断ミスが想定されます。

事業年度を変更したため免税事業者になってしまった

❶ 起こりうる判断ミス

　　簡易課税を選択している当社（3 月決算）は、X3 年 6 月に引渡しを
受けるテナントビル取得に係る消費税の還付を受けようとしたが、
X2 年 3 月期の決算作業中に「簡易課税制度選択不適用届出書」の提
出失念に気付いたため、事業年度を 3 月から 5 月に変更して、「簡易
課税制度選択不適用届出書」を提出したが、事業年度変更により、
X3 年 5 月期の基準期間が X1 年 3 月期から X2 年 3 月期になったため、
基準期間の課税売上高が 1,000 万円以下の免税事業者となり、還付が
受けられなくなってしまった。

❷ ミスへの対応策

　本事例は、テナントビル完成引渡し前に、「簡易課税制度選択不適用届出書」の提出失念に気付いたことから、「課税期間特例選択届出書」で課税期間を1か月又は3か月に区切り、同時に翌期からの「簡易課税制度選択不適用届出書」を提出すれば、テナントビル取得に係る消費税の還付が受けられました。届出書の提出失念に気付いた場合には、まずは手間のかからない課税期間の短縮により損害が回復しないかどうかを検討しましょう。

　次に、事業年度の変更についても検討しましょう。事業年度変更のメリットは、上記比較表にあるように、申告納付が変更時の1回増えるだけで済むこと、及び2年間の継続適用要件がないことです。ただし、事業年度を変更した場合には、本事例のように基準期間が変わるため、変更後の基準期間で影響がないかどうかをまずは確認しましょう。

　両者の違いを正しく理解し、依頼者の意向を確認したうえでどちらにするか決定するようにしましょう。

❹ ポイント

　課税期間の短縮では基準期間は変わりませんが、事業年度の変更は基準期間が変わるため、事業年度を変更する場合には、まずは、変更後の基準期間で納税義務や仕入税額控除の計算方法の選択に影響がないかどうか確認しましょう。

新設法人

Q14 新設法人の資本金 1,000 万円は期首か期末か

　設立当初は資本金 100 万円でしたが、設立初年度に 900 万円の増資をしたため、期末資本金はちょうど 1,000 万円です。設備投資に係る消費税の還付を受けようと思いますが、「課税事業者選択届出書」の提出は必要でしょうか。

A 　基準期間がない法人の納税義務の免除の特例における資本金額はその事業年度開始の日で判定します。したがって、「課税事業者選択届出書」を提出しないと設立初年度の還付は受けられません。

1 納税義務の判定

　消費税法においては、その課税期間の基準期間における課税売上高が 1,000 万円以下の事業者は、納税義務が免除されます（特定新規設立法人を除きます）。しかし、一定規模（資本金額が 1,000 万円以上）の事業者については、設立初年度から納税義務を課しています。

2 知っておくべき知識と留意点

事例のケースにおいて重要となる消費税法上の規定は次のとおりです。

1 基準期間がない法人の納税義務の免除の特例 （消法 12 の 2）

その事業年度の基準期間がない法人のうち、その事業年度開始の日における資本金の額又は出資の金額が 1,000 万円以上である法人（以下「新設法人」といいます）については、その新設法人の基準期間がない事業年度に含まれる各課税期間における課税資産の譲渡等については、納税義務は免除されません。

2 課税事業者の選択 （消法 9 ④）

資本金 1,000 万円未満の新設法人が設立初年度に課税事業者を選択する場合には、設立初年度の末日までに「課税事業者選択届出書」を提出しなければなりません。

3 起こりうる判断ミスと対応策

事例の場合、次のような判断ミスが想定されます。

> 1 新設法人の納税義務を期末資本金で判定するものと誤認していた
> 2 新設法人の期中増資を見落とし、期末資本金で納税義務を判定してしまった

1 新設法人の納税義務を期末資本金で判定するものと誤認していた

❶ 起こりうる判断ミス

新設法人の特例は「事業年度開始の日の資本金額が 1,000 万円以上」であるのに、「期末資本金額が 1,000 万円以上」であると誤認し「課税事業者選択届出書」の提出を失念したため、設立初年度の設備投資に係る消費税の還付が受けられなくなってしまった。

❷ ミスへの対応策

　法人税の場合、資本金の多寡で特例適用の可否を判定するものはいくつも存在しますが、そのほとんどが期末資本金額で判定します。したがって消費税も無意識のうちに期末資本金額で判定しがちです。しかし、上記 ❷❶ のとおり、基準期間がない法人の納税義務の免除の特例は期首（事業年度開始の日）の資本金の額で判定します。これを間違えると設立初年度の消費税還付が受けられなくなりますので十分注意しましょう。

❷ 新設法人の期中増資を見落とし、期末資本金で納税義務を判定してしまった

❶ 起こりうる判断ミス

　設立初年度の途中から関与開始したため、期中増資があったことを見落とし、期末資本金の額で課税事業者と判定してしまい、「課税事業者選択届出書」の提出を失念したため、設立初年度の設備投資に係る消費税の還付が受けられなくなってしまった。

❷ ミスへの対応策

　上記 ❶ との違いは、期首（事業年度開始の日）で判定することは知っていたが、期中に増資があったことを見落としていた点です。決算作業に入れば、期中増資は確認できますが、決算作業は通常、翌期になってから行いますので、その時に気付いても手遅れになります。初年度の中途から関与開始する場合には、依頼者や前任税理士が提出した設立関係届出書は必ず入手して確認しましょう。所轄税務署に届け出る「法人設立届出書」には「設立時の資本金又は出資金の額」を記載する欄がありますので、同欄が 1,000 万円以上であれば、新設法人に該当し、設立初年度から課税事業者になります。なお、法人の登記簿謄本（履歴事項全部証明書）でも増資の履歴が確認できますので、関与開始時に併せて入手するよう心がけましょう。

4 ポイント

❶ 「基準期間がない法人の納税義務の免除の特例」における資本金額はその事業年度開始の日で判定します。

❷ 設立初年度に増資があり、期末資本金額が 1,000 万円以上になっていても設立初年度に消費税の納税義務はないため、還付は受けられません。

3 特定新規設立法人

Q15 特定新規設立法人

　新たに会社を設立することを計画中です。資本金を1,000万円未満で設立し、当初2年間は免税事業者でいたいと考えています。「特定期間における納税義務の免除の特例」（第3章参照）以外に気をつけることがあれば教えてください。

 A　特定新規設立法人に該当すると、設立初年度から課税事業者となり、消費税の納税義務は免除されません。

> ▶解説

1 特定新規設立法人は設立初年度から納税義務が免除されない

　設立時の資本金が1,000万円以上の場合には設立初年度から課税事業者となり、1,000万円未満の場合には基準期間のない設立当初2年間は、特定期間の特例を除き、原則として免税事業者になります。したがって、設立当初に設備投資がない法人は、資本金を1,000万円未満で設立すれば、基準期間のない設立当初2年間は免税事業者となり、消費税の負担は発生しません。しかし、資本金1,000万円未満の新規設立法人であっても、課税売上高が5億円を超えるような大規模事業者に50％超の出資を受けて設立された法人は、設立初年度から課税事業者となり、消費税の負担が発生します。

　この特例は、大企業が設立した新設法人等であっても資本金が1,000万

円未満であれば納税義務が免除されるため、一部の企業で子法人の設立、解散を繰り返すことにより消費税を免れるような租税回避が行われていたことから、その防止を目的として設けられました。

2 知っておくべき知識と留意点

　事例のケースにおいて重要となる消費税法上の規定は次のとおりです。

1 特定新規設立法人の納税義務の免除の特例（消法 12 の 3 ①）

　平成 26 年 4 月 1 日以後に設立される資本金 1,000 万円未満の新規設立法人のうち、その新規設立法人のその新設開始日の属する事業年度の基準期間に相当する期間における課税売上高として一定の方法により計算した金額が 5 億円を超えるような大規模事業者（個人を含みます）にその発行済株式の 50% 超を保有されているもの（「特定新規設立法人」といいます）については、その基準期間がない設立 1 期目及び 2 期目について納税義務は免除されません。

2 基準期間に相当する期間（消令 25 の 4 ②）

　基準期間に相当する期間とは、新規設立法人の新設開始日の 2 年前の日の前日から同日以後 1 年を経過する日までの間に終了した 50% 超を保有する出資者の年又は事業年度等をいいます。

3 50% 超を保有する出資者の範囲（消令 25 の 2 ①）

　特例の対象となる出資者には①出資者の親族等や、②出資者が直接・間接に完全支配している法人も含まれます。

3 起こりうる判断ミスと対応策

　事例の場合、次のような判断ミスが想定されます。

---

1 特定新規設立法人に該当していたがこれに気付かなかった

2 特定新規設立法人に該当していたがこれに気付かず、有利な簡易
課税を選択できなかった

---

1 特定新規設立法人に該当していたがこれに気付かなかった

① 起こりうる判断ミス

　そもそも「特定新規設立法人の納税義務の免除の特例」自体を知ら
ず、後からこれに該当していたことに気付いた。

② ミスへの対応策

　まずは「特定新規設立法人の納税義務の免除の特例」を正しく理解
しましょう。そして、新設法人において50％超の出資者がいる場合
には、その出資者の関係会社等の基準期間に相当する期間の課税売上
高が5億円を超えていないかどうかを必ず調査する必要があります。

2 特定新規設立法人に該当していたがこれに気付かず、有利な簡易課税を選択できなかった

① 起こりうる判断ミス

　そもそも「特定新規設立法人の納税義務の免除の特例」自体を知ら
ず、後からこれに該当していたことに気付いた。課税事業者であれば、
設立当初2年間は簡易課税が有利であった。

② ミスへの対応策

　設立当初2年間は基準期間が存在しないため、簡易課税が選択でき
ます。特定新規設立法人に該当する場合には、必ず有利判定を行い、
簡易課税有利の場合には期限までに「簡易課税制度選択届出書」を提
出しましょう。

4 ポイント

❶ 特定新規設立法人（資本金 1,000 万円未満の新規設立法人のうち、その新設開始日の属する事業年度の基準期間に相当する期間における課税売上高が 5 億円を超えるような大規模事業者にその発行済株式の 50％超を保有されているもの）については、その基準期間がない設立 1 期目及び 2 期目について納税義務は免除されません。

❷「特定新規設立法人の納税義務の免除の特例」に該当する場合には、設立当初 2 年間は基準期間が存在しないため、簡易課税の適用があります。必ず有利判定を行い、簡易課税有利の場合には期限までに「簡易課税制度選択届出書」を提出しましょう。

4 相続

Q16 相続があった場合の納税義務の判定と簡易課税制度の選択

今年、父が亡くなったため、それまで勤めていた会社を退職して家業を継ぐことになりました。父の基準期間の課税売上高は 1,000 万円超であり、父は簡易課税制度を選択していました。私はいつから課税事業者になりますか。また、このまま簡易課税で申告することは可能でしょうか。

A 相続開始年の納税義務の判定はあなた又は父のいずれかの課税売上高で行います。したがって、あなたは相続開始日の翌日から納税義務者になります。ただし、父が提出した「簡易課税制度選択届出書」の効力はあなたには及びませんので、あなたが改めて「簡易課税制度選択届出書」を年末までに提出する必要があります。

▶ **解説**

1 相続開始年における納税義務の判定と簡易課税制度の選択

相続開始年において、免税事業者である相続人が、その基準期間における課税売上高が 1,000 万円を超える被相続人の事業を承継したときは、その相続人はその相続開始日の翌日から納税義務者になります。また、相続開始年から簡易課税制度の適用を受けたい場合には、相続開始日の属する年の 12 月 31 日までに「簡易課税制度選択届出書」を提出すれば簡易課税で申告することができます。

事例のケースにおいて重要となる消費税法上の規定は次のとおりです。

1 相続があった場合の納税義務 （消基通 1-5-4）

相続があった場合の納税義務の免除の特例の規定は、相続により被相続人の事業を承継した相続人について、次に掲げる場合に該当するときには、納税義務が免除されません。

①相続開始年においては、相続人又は被相続人の基準期間における課税売上高のうちいずれかが 1,000 万円を超える場合

（注）相続人の基準期間における課税売上高が 1,000 万円以下であっても被相続人の基準期間における課税売上高が 1,000 万円を超える場合には、その相続人のその相続のあった日の翌日からその年の 12 月 31 日までの間における課税資産の譲渡等について納税義務は免除されません。

②相続開始年の翌年及び翌々年においては、相続人の基準期間における課税売上高と被相続人の基準期間における課税売上高との合計額が 1,000 万円を超える場合

2 簡易課税制度選択届出書の効力 （消基通 13-1-3 の 2）

被相続人が提出した「簡易課税制度選択届出書」の効力は、相続によりその被相続人の事業を承継した相続人には及びません。したがって、その相続人が簡易課税制度の規定の適用を受けようとするときは、新たに「簡易課税制度選択届出書」を提出しなければなりません。なお、簡易課税制度の適用の有無を判定する場合の基準期間の課税売上高はあくまで相続人の基準期間の課税売上高だけで判定します。

〈相続があった場合の判定に用いる基準期間の課税売上高〉

年　分	納税義務の判定	簡易課税の判定
相続開始年	相続人又は被相続人のいずれか	相続人
翌年及び翌々年	相続人と被相続人の合計	相続人

3 簡易課税制度選択届出書の提出期限（消令 56 ①二、消基通 13-1-5 の 2）

被相続人が簡易課税制度の適用を受けていた場合で、相続人がその事業を承継したときは、相続開始日の属する年の 12 月 31 日までに「簡易課税制度選択届出書」を提出すれば、相続開始年分から簡易課税制度の適用を受けることができます。

なお、12 月中に相続があった場合（その課税期間の末日前おおむね 1 か月以内に相続があったこと）には、翌年 2 月末までに「簡易課税制度選択（不適用）届出に係る特例承認申請書」を提出すれば、相続開始年分から簡易

〈具体例〉

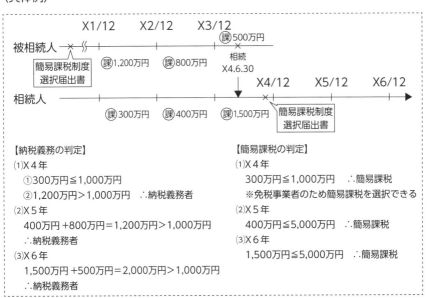

課税制度の適用を受けることができます。

3 起こりうる判断ミスと対応策

事例の場合、次のような判断ミスが想定されます。

> 相続があった場合の納税義務の判定と同様に考え、簡易課税は選択できないと判断してしまった

❶ 起こりうる判断ミス

　非事業者である相続人は相続税の納税資金を工面するために相続開始年に相続した事業用不動産を売却した。被相続人の基準期間の課税売上高が5,000万円超であったことから、簡易課税は選択できないと判断し、12月31日までに簡易課税制度選択届出書を提出しなかった。

❷ ミスへの対応策

　上記 ❷ ❷ のとおり、簡易課税制度選択の可否は、あくまで相続人の基準期間の課税売上高だけで判定します。したがって、非事業者である相続人は簡易課税が選択できたことになります。このような判断ミスをすると、簡易課税を採っていれば60％のみなし仕入率（事業用固定資産の売却収入は第4種事業）で仕入税額控除が可能でしたが、相続開始年が原則課税で、ほとんど課税仕入がないようなケースでは、簡易課税に比べ、大きな過大納付が発生します。

　相続が発生すると、相続税申告にばかり気を取られ、他の税目がおろそかになりがちです。所得税や消費税とトータルで業務を請負う場合には、相続開始後早い段階で、相続人がすべきことを時系列で説明し、期限ごとに、相続人に選択の判断を求め、これを証拠に残すことが必要です。

4 ポイント

❶ 相続があった場合の納税義務の判定に用いる基準期間の課税売上高は、相続開始年分は相続人又は被相続人のいずれかにより、翌年及び翌々年は相続人と被相続人の合計により行います。

❷ 相続があった場合の簡易課税制度選択の可否に用いる基準期間の課税売上高は、相続人の課税売上高のみで行います。

5 合併

Q17 合併があった場合の納税義務の判定と
簡易課税制度の選択

合併事業年度の納税義務の判定は合併法人又は被合併法人の
いずれかの基準期間の課税売上高で行うと聞きましたが、簡易
課税制度選択の判定（課税売上高が 5,000 万円を超えるかどう
か）も同じでしょうか。

A 合併事業年度の納税義務の判定は合併法人又は被合併法人のい
ずれかの基準期間の課税売上高で行います。ただし、簡易課税制
度選択の判定はあくまで合併法人の基準期間の課税売上高だけで
行います。

> **解説**

1 合併事業年度における納税義務の判定と簡易課税制度の選択

　合併事業年度において、免税事業者である合併法人が、その基準期間に
おける課税売上高が 1,000 万円を超える被合併法人と合併した場合には、
合併法人はその合併があった日の翌日から納税義務者になります。なお、
合併法人が簡易課税制度を選択している場合の簡易課税制度選択の判定
（基準期間の課税売上高が 5,000 万円を超えるかどうか）は、あくまでも合併
法人の課税売上高だけで行います。被合併法人の基準期間の課税売上高は
考慮しません。

68

2 知っておくべき知識と留意点

事例のケースにおいて重要となる消費税法上の規定は次のとおりです。

1 合併があった場合の納税義務（消基通 1-5-6）

合併があった場合の納税義務の免除の特例の規定は、合併により被合併法人の事業を承継した合併法人について、次に掲げる場合に該当するときは、納税義務は免除されません。

①合併があった日の属する事業年度においては、合併法人の基準期間における課税売上高又は各被合併法人の当該基準期間に対応する期間における課税売上高のうちいずれかが 1,000 万円を超える場合

(注) 合併法人の基準期間における課税売上高が 1,000 万円以下であっても被合併法人のその基準期間に対応する期間における課税売上高が 1,000 万円を超える場合には、その合併法人のその合併があった日からその合併があった日の属する事業年度終了の日までの間における課税資産の譲渡等について納税義務は免除されません。

②合併があった日の属する事業年度の翌事業年度及び翌々事業年度においては、合併法人の基準期間における課税売上高と各被合併法人のその基準期間に対応する期間における課税売上高との合計額が 1,000 万円を超える場合

2 合併法人が簡易課税制度を選択する場合の基準期間の課税売上高の判定（消基通 13-1-2）

吸収合併があった場合において、その吸収合併に係る合併法人の簡易課税制度の選択に係る基準期間における課税売上高が 5,000 万円を超えるかどうかは、その合併法人の基準期間における課税売上高のみによって判定します。

〈合併があった場合の判定に用いる基準期間の課税売上高〉

事業年度	納税義務の判定	簡易課税の判定
合併事業年度	合併法人又は被合併法人のいずれか	合併法人
翌期及び翌々期	合併法人と被合併法人の合計	合併法人

〈具体例〉

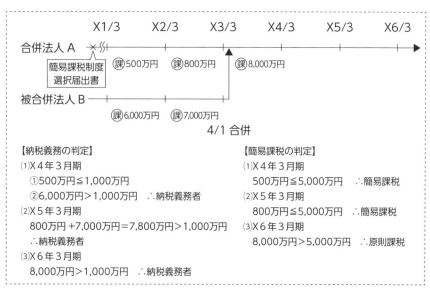

【納税義務の判定】
(1)X4年3月期
　①500万円≦1,000万円
　②6,000万円＞1,000万円　∴納税義務者
(2)X5年3月期
　800万円＋7,000万円＝7,800万円＞1,000万円
　∴納税義務者
(3)X6年3月期
　8,000万円＞1,000万円　∴納税義務者

【簡易課税の判定】
(1)X4年3月期
　500万円≦5,000万円　∴簡易課税
(2)X5年3月期
　800万円≦5,000万円　∴簡易課税
(3)X6年3月期
　8,000万円＞5,000万円　∴原則課税

3 起こりうる判断ミスと対応策

事例の場合、次のような判断ミスが想定されます。

> **合併があった場合の納税義務の判定と同様に考え、簡易課税は選択できないと判断してしまった**

❶ 起こりうる判断ミス

　合併法人A社と被合併法人B社の合併事業年度の基準期間の課税

売上高はそれぞれ 500 万円と 6,000 万円であった。納税義務の判定は
B 社の 6,000 万円で行い、課税事業者と判断した。簡易課税制度の判
定も納税義務の判定と同じであると思い込み、B 社の 6,000 万円で行
い、原則課税で申告した。ところが A 社は簡易課税制度を選択して
いたため、税務署から指摘を受け簡易課税で修正申告することになっ
てしまった。

❷ ミスへの対応策

　上記 **2**　**2** のとおり、簡易課税制度選択の可否は、あくまで合併法
人である A 社の基準期間の課税売上高だけで判定します。したがっ
て、A 社が簡易課税制度を選択していて、基準期間の課税売上高が
500 万円であれば、A 社は簡易課税で申告することになります。この
ようなミスは、いわゆる逆さ合併を行うような場合で、合併法人が簡
易課税を選択しているようなケースに起こります。これを防ぐために
は、合併法人の過去の届出書を確認し、不利な簡易課税制度を選択し
ている場合には、事前に「簡易課税制度選択不適用届出書」を提出し
ておく必要があります。

4 ポイント

❶ 合併があった場合の納税義務の判定に用いる基準期間の課税売上高は、
合併事業年度は合併法人又は被合併法人のいずれかにより、翌期及び
翌々期は合併法人と被合併法人の合計により行います。

❷ 合併があった場合の簡易課税制度選択の可否に用いる基準期間の課税
売上高は、合併法人の課税売上高のみで行います。

申告書と決算書をつなぐもの

　税務調査を受けると、「消費税申告書作成の基となった集計表を出してください」と必ずいわれます。消費税の税務調査はここから始まります。これは、消費税申告書だけでは決算書と突き合わせができないからです。この集計表は、大体、会計ソフトから自動作成されて出てきます。税率別、売上げ、仕入れ別に区分され、さらに勘定科目別に分かれています。そして、それぞれの勘定科目ごとに「課税」「非課税」「不課税」の別に区分されて集計されています。さらに、個別対応方式を選択した場合には、課税仕入れが「課税対応」「非課税対応」「共通対応」の３つに区分されて集計されます。これがあれば、申告書と決算書の突き合わせができるため、申告書の妥当性が検証できます。ただし、その取引が本当に「課税」「非課税」「不課税」なのかまではチェックできないため、最終的には原始資料にあたることになります。インボイス制度施行後もその保存期間は申告期限から原則として７年です（**Q51** 参照）。

　ところで、この集計表には統一した名称や様式が存在しません。したがって、現状、会計ベンダーごとに独自の様式で作成しており、その名称も様々です。ここは国税庁主導で、統一した様式と名称を決めてもらい、申告書にPDFデータとして添付して提出するようにしたら、お互いの手間が省けると思うのですが、いかがなものでしょうか。

第**3**章

特定期間における
納税義務の免除の特例

1 給与等支給額の合計額の検討を怠った

Q18 給与等支給額の調整

当社は X 年 4 月 1 日に資本金 500 万円で法人成りした 3 月決算法人の会社です。基準期間のない X2 年 3 月期までは免税事業者でいたいと考えていますが、特定期間の課税売上高以外に注意すべき点はありますか。なお、当社は特定新規設立法人（Q15参照）には該当しません。

特定期間
課税売上高1,000万円超
給与等支給額1,000万円以下

免税
X1年3月期

免税
X2年3月

X年4月1日法人成り
（資本金500万円）

X年9月末

基準期間のない設立 2 期目までを免税事業者とするためには、特定期間の課税売上高又は給与等支給額の合計額を 1,000 万円以下にする必要があります。したがって、特定期間の課税売上高が 1,000 万円超であっても、給与等支給額の合計額を 1,000 万円以下に抑えられれば免税事業者になります。給与等支給額には役員給与も含まれますので、役員給与を抑えることにより免税事業者に留まれるかどうか検討する必要があります。

> 解説

1 特定期間における納税義務の免除の特例

免税事業者の判定については、基準期間の課税売上高に加え、前年の上半期の課税売上高も加味されます。設立 2 期目の法人の特定期間（事例においては X 年 4 月から 9 月まで）の課税売上高が 1,000 万円超であり、かつ、

給与等支払額の合計額が 1,000 万円超である場合には、設立 2 期目から課税事業者になります。

2　知っておくべき知識と留意点

事例のケースにおいて重要な消費税法上の規定は次のとおりです。

1　特定期間（消法 9 の 2 ④）

特定期間とは、法人の場合は原則として、その事業年度の前事業年度開始の日以後 6 か月の期間をいいます。

2　特定期間における課税売上高による納税義務の免除の特例（消法9の2①）

法人のその事業年度の基準期間における課税売上高が 1,000 万円以下である場合において、その法人のその事業年度に係る特定期間における課税売上高が 1,000 万円を超えるときは、その法人のその事業年度における課税資産の譲渡等については、納税義務は免除されません。

3　特定期間における課税売上高（消法 9 の 2 ③）

特定期間における課税売上高については、法人が特定期間中に支払った所得税法第 231 条 1 項（給与等、退職手当金等又は公的年金等の支払明細書）に規定する支払明細書に記載すべき給与等の金額に相当するものの合計額とすることができます。

3　起こりうる判断ミスと対応策

事例の場合、次のような判断ミスが想定されます。

---

1 免税事業者でいられたにもかかわらず課税事業者と誤認し、申告・納付してしまった

2 役員報酬を調整すれば、免税事業者でいることができた

---

１ 免税事業者でいられたにもかかわらず課税事業者と誤認し、申告・納付してしまった

　① 起こりうる判断ミス

　　設立２期目の特定期間の課税売上高が1,000万円を超えていたが、給与等支払額が1,000万円以下であったため免税事業者でいられたにもかかわらず、課税事業者と誤認し、申告・納付してしまった。

　② ミスへの対応策

　　上記 **２ ３** のとおり、特定期間における課税売上高については、法人が特定期間中に支払った給与等の金額の合計額とすることができます。したがって、本事例の場合には、納税者自らが特定期間の課税売上高をもって課税事業者を選択したことになるため、原則として取り下げ等は認められません。

　　特定期間の課税売上高だけでなく、給与等の支給額の合計額も確認し、免税事業者になれないかどうか必ず確認しましょう。

２ 役員報酬を調整すれば、免税事業者でいることができた

　① 起こりうる判断ミス

　　設立２期目の特定期間の課税売上高及び給与等支払額の合計額が共に1,000万円を超えていたが、給与等支払額の合計額については、支給対象者が代表者１人であったことから、課税事業者となる場合について依頼者に事前に説明をしていれば、1,000万円以下に抑えることは可能であった。

　② ミスへの対応策

　　上記 **２ ３** のとおり、特定期間における課税売上高については、給与等支払額の合計額とすることができます。この給与等には役員給与等も含まれますので、事前に依頼者に説明していれば、役員給与を調整して免税事業者に留まれたと考えられることから税理士として責任を問われる可能性があります。

　このようなミスを防ぐためには、法人成り等で、設立初年度から課税売上高が 1,000 万円超となることが見込まれており、資本金を 1,000 万円未満で設立し、設立 2 期目まで免税事業者を希望しているような場合には、特定期間における納税義務の免除の特例の内容を事前に依頼者に説明し、給与等支給額の合計額を 1,000 万円以下に抑えることができないか検討する必要があります。

4 ポイント

❶ 特定期間の課税売上高が 1,000 万円超であっても、給与等支給額の合計額を 1,000 万円以下に抑えられれば免税事業者に留まることができます。

❷ 給与等支払額の合計額については、支給対象者が代表者 1 人など、調整が可能な場合には、課税事業者となる場合について事前に説明をし、これを証拠に残しておく必要があります。

2 短期事業年度の検討を怠った

Q19 設立事業年度を何か月に設定すべきか

当社は X 年 4 月 1 日に資本金 900 万円で法人成りを検討しています。課税売上高及び給与等支給額は設立日以後 6 か月で 1,000 万円を超える見込みです。免税事業者の期間をなるべく長くとりたい場合、何月決算法人にすればよいでしょうか。なお、当社は特定新規設立法人（**Q15** 参照）には該当しません。

特定期間
課税売上高1,000万円超
給与等支給額1,000万円超

免税
X年?月期

免税
X2年?月期

X年4月法人成り
（資本金900万円）

設立初年度を短期事業年度にすれば、特定期間がその事業年度の前々事業年度開始の日以後 6 か月の期間になります。貴社には前々事業年度が存在しないため、必ず免税事業者になります。したがって、決算月を 10 月にすると免税期間が一番長くとれることになります。

▶ 解説

1 特定期間における納税義務の免除の特例

免税事業者の判定については、基準期間の課税売上高に加え、前年の上半期の課税売上高も加味されます。設立 2 期目の法人の特定期間（事例においては X 年 4 月から 9 月まで）の課税売上高が 1,000 万円超であり、かつ、給与等支払額の合計額が 1,000 万円超である場合には、設立 2 期目から課

税事業者になります。ただし、設立初年度が短期事業年度の場合には上記のとおり設立2期目も必ず免税事業者になりますので、トータルで免税期間が一番長くとれることになります。

2 知っておくべき知識と留意点

　事例のケースにおいて重要な消費税法上の規定は次のとおりです。

1 特定期間（消法9の2④）

　特定期間とは、次に掲げる事業者の区分に応じそれぞれ次のようになります。

事業者	特定期間
個人事業者	その年の前年1月1日から6月30日までの期間
その事業年度の前事業年度（短期事業年度を除く）がある法人	その前事業年度開始の日以後6か月の期間
その事業年度の前事業年度が短期事業年度である法人	その事業年度の前々事業年度開始の日以後6か月の期間

2 短期事業年度（消令20の5①）

　短期事業年度とは、次に掲げるものとします。

①その事業年度の前事業年度で7か月以下であるもの

②その事業年度の前事業年度（7か月以下であるものを除く）で6か月の期間の末日の翌日からその前事業年度終了の日までの期間が2か月未満であるもの

3 特定期間における課税売上高による納税義務の免除の特例（消法9の2①）

　法人のその事業年度の基準期間における課税売上高が1,000万円以下である場合において、その法人のその事業年度に係る特定期間における課税売上高が1,000万円を超えるときは、その法人のその事業年度における課税資産の譲渡等については、納税義務は免除されません。

4 特定期間における課税売上高（消法9の2③）

　特定期間における課税売上高については、法人が特定期間中に支払った所得税法第231条1項（給与等、退職手当金等又は公的年金等の支払明細書）に規定する支払明細書に記載すべき給与等の金額に相当するものの合計額とすることができます。

3 起こりうる判断ミスと対応策

　事例の場合、次のような判断ミスが想定されます。

設立初年度を短期事業年度としなかったため、設立2期目から課税事業者になってしまった

---

❶ 起こりうる判断ミス

　税理士は法人設立の相談を受けた際、免税事業者である期間が最も長くなるように課税期間を区切るよう依頼されていた。依頼者は個人事業主からの法人成りであり、その実績から、当初より特定期間の課税売上高及び給与等支払額の合計額が1,000万円を超えることは明らかであった。しかし、税理士は設立初年度を短期事業年度とせず、11か月としたため、設立初年度が特定期間に該当してしまい、結果として2期目から課税事業者となってしまった。

❷ ミスへの対応策

　上記**1**のとおり、設立初年度を短期事業年度の7か月以下とすれば、設立2期目も必ず免税事業者になりますので、トータルで免税期

間が一番長くとれたことになります。したがって、上記前提が事実であれば、税理士として責任を問われるケースも出てきます。

　このようなミスを防ぐためには、法人成り等で、設立初年度から課税売上高が1,000万円超となることが見込まれており、資本金を1,000万円未満で設立し、設立2期目まで免税事業者を希望しているような場合には、「特定期間における納税義務の免除の特例」を事前に依頼者に説明し、設立初年度を短期事業年度にするかどうかの選択を依頼者に求め、場合によってはその選択の結果を証拠として残しておく必要があります。

4 ポイント

　特定期間の課税売上高及び給与等支払額の合計額が1,000万円を超えることが明らかな場合には、設立初年度を短期事業年度にすれば、設立2期目は必ず免税事業者となるため、免税事業者としての期間を長くすることができます。

3 簡易課税制度が選択できた

Q20 簡易課税制度選択届出書の提出失念

　設立 2 期目である X2 年 3 月期は特定期間の課税売上高が 1,000 万円超であり、かつ、給与等支払額の合計額が 1,000 万円超であったため、課税事業者になります。特定期間の課税売上高は 5,000 万円超ですが、簡易課税制度は選択できますか。

特定期間
課税売上高5,000万円超
給与等支給額1,000万円超

免税　　　　　　　　　　　課税
簡易課税適用可能?
X1年3月期　　　　　　X2年3月期

X年4月1日法人成り　　　　　　　X年9月末
（資本金500万円）

　貴社は X2 年 3 月期の特定期間により課税事業者になりますが、簡易課税の判定は、あくまでも基準期間の課税売上高で行います。貴社の X2 年 3 月期は基準期間が存在しないため、簡易課税制度は選択できます。

> 解説

1 設立 2 期目の簡易課税制度の選択

　特定期間の課税売上高と給与等支払額の合計額で設立 2 期目から課税事業者になった場合には、基準期間が存在しないため、特定期間の課税売上高の多寡にかかわらず、必ず簡易課税制度を選択できます。したがって、明らかに簡易課税が有利な場合には設立初年度の末日までに「簡易課税制度選択届出書」を忘れずに提出しましょう。

2 知っておくべき知識と留意点

事例のケースにおいて重要な消費税法上の規定は次のとおりです。

1 特定期間（消法9の2④）

特定期間とは、法人の場合は原則として、その事業年度の前事業年度開始の日以後6か月の期間をいいます。

2 特定期間における課税売上高による納税義務の免除の特例（消法9の2①）

法人のその事業年度の基準期間における課税売上高が1,000万円以下である場合において、その法人のその事業年度に係る特定期間における課税売上高が1,000万円を超えるときは、その法人のその事業年度における課税資産の譲渡等については、納税義務は免除されません。

3 特定期間における課税売上高（消法9の2③）

特定期間における課税売上高については、法人が特定期間中に支払った所得税法第231条1項（給与等、退職手当金等又は公的年金等の支払明細書）に規定する支払明細書に記載すべき給与等の金額に相当するものの合計額とすることができます。

4 簡易課税制度の選択（消法37①）

その基準期間における課税売上高が5,000万円以下である課税期間について「簡易課税制度選択届出書」を提出した場合には、原則として提出日の属する課税期間の翌課税期間以後の課税期間については簡易課税制度の適用を受けることができます。

5 基準期間（消法2①十四）

個人事業者についてはその年の前々年をいい、法人についてはその事業年度の前々事業年度（その前々事業年度が1年未満である法人については、その事業年度開始の日の2年前の日の前日から同日以後1年を経過する日までの間に開始した各事業年度を合わせた期間）をいいます。

3 起こりうる判断ミスと対応策

事例の場合、次のような判断ミスが想定されます。

> 特定期間における課税売上高が 5,000 万円超であったため、簡易課税制度は選択できないものと誤認し、「簡易課税制度選択届出書」を提出しなかった

❶ 起こりうる判断ミス

　設立2期目の特定期間の課税売上高が 1,000 万円超であり、かつ、給与等支払額の合計額が 1,000 万円超であったため、設立2期目から課税事業者となった。設立2期目は簡易課税が有利であったが、特定期間における課税売上高が 5,000 万円超であったため、簡易課税は選択できないものと誤認し、期限までに「簡易課税制度選択届出書」を提出しなかった。このため、不利な原則課税での申告になってしまった。

❷ ミスへの対応策

　特定期間の課税売上高等で課税事業者になっても、簡易課税制度選択の判定はあくまでも基準期間の課税売上高で行います。設立2期目から課税事業者になる場合には、基準期間が存在しないため、簡易課税制度は必ず選択できます。事前に有利判定を行い、簡易課税有利の場合には、期限までに忘れずに「簡易課税制度選択届出書」を提出しましょう。なお、本事例の場合には、提出失念に気づいた時点で、「課税期間特例選択届出書」で課税期間を短縮し、翌期からの「簡易課税制度選択届出書」を提出すれば、不利な原則課税の期間を短くすることができます（**Q5** 参照）。

4 ポイント

❶特定期間の課税売上高等で課税事業者になっても、簡易課税制度選択
の判定はあくまでも基準期間の課税売上高で行います。

❷設立 2 期目が課税事業者になる場合には、基準期間が存在しないため、
必ず簡易課税制度が選択できます。

消費税には「同族会社の 行為計算の否認」規定は存在しない Column 3

　法人税法の第132条（同族会社等の行為又は計算の否認）には次のように規定されています。

　『税務署長は、内国法人である同族会社等に係る法人税につき更正又は決定をする場合において、その法人の行為又は計算で、これを容認した場合には法人税の負担を不当に減少させる結果となると認められるものがあるときは、その行為又は計算にかかわらず、税務署長の認めるところにより、その法人に係る法人税の課税標準若しくは欠損金額又は法人税の額を計算することができる。』

　これは、包括的な租税回避防止規定で、法人税だけでなく、所得税や相続税にも同様の規定が存在します。しかし、消費税にはこのような規定がありません。したがって、消費税においては、租税回避を理由に課税をすることはできません。

　では、なぜ消費税にはこのような規定が存在しないのでしょうか。消費税は上記国税と違って、消費者から預かった税金を国に納付する間接税であり、導入当初は上記国税のような租税回避行為は想定しえなかったのかもしれません。しかし、実際には、自販機スキーム、金地金スキーム、特定新規設立法人のスキームなど、多くの租税回避スキームが横行しており、そのたびに、税制改正が行われているのが現状です（Column 4、Q15 参照）。

　消費税にも"伝家の宝刀"「行為計算の否認」規定があってもよいのではないかと思う今日この頃です。

第4章

課税対象取引・取引区分

1 不動産賃貸業における 誤りやすい取引

Q21 テナントから領収するビルの共益費

オフィスビルを賃貸していますが、テナントから受け取る水道光熱費等の共益費は、実費精算的な性格を有することから、差額のみを課税売上げとして雑収入に計上しています。消費税法上問題ないでしょうか。

テナントから受け取る共益費は建物等の資産の貸付けに係る対価に含まれますので、原則としてその全額を課税売上げとして不動産収入に計上し、水道光熱費等の実費部分を課税仕入れとする、いわゆる総額処理（収入と経費の両方を計上する）が必要です。

▶解説 ▶

1 テナントから領収するビルの共益費（国税庁 質疑応答事例「資産の譲渡の範囲」10）

ビル管理会社等が、水道光熱費、管理人人件費、清掃費等を共益費等と称して各テナントから毎月一定額で領収し、その金額の中からそれぞれの経費を支払う方法をとっている場合には、ビル管理会社等が領収する共益費等は課税の対象となります。

ただし、水道光熱費等の費用がメーター等によりもともと各テナントごとに区分されており、かつ、ビル管理会社等がテナント等から集金した金銭を預り金として処理し、ビル管理会社等は本来テナント等が支払うべき金銭を預かって電力会社等に支払うにすぎないと認められる場合には、その預り金はビル管理会社等の課税売上げには該当しません。

2 知っておくべき知識と留意点

事例のケースにおいて重要となる消費税法上の規定は次のとおりです。

1 資産の貸付けに伴う共益費（消基通 10-1-14）

建物等の資産の貸付けに際し賃貸人がその賃借人から収受する電気、ガス、水道料等の実費に相当するいわゆる共益費は、建物等の資産の貸付けに係る対価に含まれます。

2 差額が生じる場合

水道光熱費等の費用がもともとテナントごとに区分されており、かつ、テナントから集金した金銭が預り金等の「通過勘定」で処理されており、賃貸人は本来テナントが支払うべき金銭を預かって電力会社等に支払うにすぎないと認められる場合には、その預り金等は課税売上げに計上しませんが、預かった金額と支払う金額に差額が生じる場合には、純額処理（預かった金額から支払う金額を控除し、その差額のみを課税売上げに計上）することはできません。総額処理（預かった金額は課税売上げ、支払う金額は課税仕入れに計上する）が必要です。

3 起こりうる判断ミスと対応策

事例の場合、次のような判断ミスが想定されます。

> **共益費差額のみを課税売上げに計上していた**

❶ 起こりうる判断ミス

水道光熱費等の共益費等につき、テナントから収受する金額と、ビル管理会社等に支払う金額との差額のみを課税売上げとして雑収入に計上していた。

❷ ミスへの対応策

上記 **2 2** のとおり、テナントから収受する金額を課税売上げに計

上し、ビル管理会社等に支払う金額を課税仕入れに計上する必要があります。事例の場合、所得には影響ありませんが、消費税の仕入税額控除の計算上、原則課税を採用している場合には、増差税額は発生しませんが、簡易課税を採用している場合には、課税売上高だけから消費税額を計算するため、実際に計上すべき課税売上高よりも少ない金額で消費税を計算していることから、過少申告になりますので修正申告をする必要があります。

4 ポイント

❶ テナントから領収する水道光熱費等の実費に相当する共益費は、建物等の資産の貸付けに係る対価に該当するため、原則として課税売上げに計上しなければなりません。

❷ テナントから預かった金額と電力会社等に支払う金額に差額が生じる場合には、純額処理は認められず、総額処理が必要です。

保証金から差し引いた原状回復費

テナントビルの賃貸をしていますが、借主が退去する際に、借主に代わって原状回復を行い、かかった費用は保証金から差し引いて返還しています。この原状回復費は消費税の課税対象になりますか。

 テナントは、退去の際、貸室を原状回復して貸主に返す義務があります。これを借主に代わって貸主が行った場合には、借主に対する役務の提供として消費税の課税対象になります。

解説

1 建物賃貸借に係る保証金から差し引く原状回復工事費用（国税庁質疑応答事例「資産の譲渡の範囲」12）

建物の賃借人には、退去に際して原状に回復する義務があることから、賃借人に代わって賃貸人が原状回復工事を行うことは賃貸人の賃借人に対する役務の提供に該当します。したがって、保証金から差し引く原状回復工事に要した費用相当額は課税の対象となります。

なお、保証金の返還について、償却費が定められている場合には、その償却費部分の収入計上時期は、返還時ではなく契約締結時になります。

2 知っておくべき知識と留意点

事例のケースにおいて重要となる消費税法上の規定は次のとおりです。

1 借主が負担する原状回復費を保証金から差し引いて返還した場合

原状回復費を借主が負担する契約で、これを借主に代わって貸主が行い、保証金からその原状回復費相当額を差し引いて返還することとしているときは、保証金から差し引かれる原状回復費相当額は貸主の借主に対する原

状回復に係る役務の提供の対価に該当するため、課税売上げとして消費税の課税対象になります。

　なお、この原状回復費相当額は建物の貸付けの対価とはリンクしませんので、例えば、建物が居住用であっても原状回復費相当額は課税売上げとして消費税を計算することになります。

2 保証金等のうち返還しないものの額を対価とする資産の譲渡等の時期（消基通 9-1-23）

　資産の賃貸借契約等に基づいて保証金、敷金等として受け入れた金額であっても、当該金額のうち期間の経過その他当該賃貸借契約等の終了前における一定の事由の発生により返還しないこととなる部分の金額は、その返還しないこととなった日の属する課税期間において行った資産の譲渡等に係る対価となります。

　したがって、保証金の返還について、償却費が定められている場合には、その償却費部分の収入計上時期は、返還時ではなく契約締結時になります。

　なお、上記収入の計上時期は所得税、法人税についても同様です。

3 起こりうる判断ミスと対応策

　事例の場合、次のような判断ミスが想定されます。

---

1 オフィスビルの原状回復費を課税売上げとして計上していない

2 居住用アパートの原状回復費を課税売上げとして計上していない

3 オフィスビルの保証金償却部分を契約時に収入計上していない

4 居住用アパートの敷金償却部分を契約時に収入計上していない

---

1 オフィスビルの原状回復費を課税売上げとして計上していない

　① 起こりうる判断ミス

　　テナントが退去する際、保証金から差し引いた原状回復費を修繕費（課税仕入れ）のマイナスとして計上していた。

❷ ミスへの対応策

上記❷❶より、課税売上げとして消費税の課税対象になります。課税仕入れのマイナスとしている場合、原則課税の全額控除で計算している場合であれば、消費税額に影響はありませんが、簡易課税の場合には、課税売上高のみで消費税額を計算するため、実際に計上すべき課税売上高よりも少ない金額で消費税を計算していることから、過少申告となり、修正申告が必要です。

❷ 居住用アパートの原状回復費を課税売上げとして計上していない

❶ 起こりうる判断ミス

借主が退去する際、敷金から差し引いた原状回復費を雑収入（非課税売上げ）として計上していた。

❷ ミスへの対応策

上記❷❶より、課税売上げとして消費税の課税対象になります。ただし、他に課税売上げがない免税事業者であれば、結果として問題にならない場合もあります。

❸ オフィスビルの保証金償却部分を契約時に収入計上していない

❶ 起こりうる判断ミス

賃貸借契約書に家賃1か月分の保証金を返還しない旨の記載があるにもかかわらず、契約締結時に収入計上しなかった。

❷ ミスへの対応策

上記❷❷より、契約締結時に収入計上が必要ですので、所得税や法人税においては修正申告が必要です。消費税においても課税売上げになりますので、修正申告が必要です。

❹ 居住用アパートの敷金償却部分を契約時に収入計上していない

❶ 起こりうる判断ミス

賃貸借契約書に家賃1か月分の敷金を返還しない旨の記載があるにもかかわらず、契約締結時に収入計上しなかった。

❷ ミスへの対応策

　上記 **2** **2** より、契約締結時に収入計上が必要ですので、所得税や法人税においては修正申告が必要です。ただし、消費税は非課税売上げになりますので、他に課税売上げがない免税事業者であれば、結果として問題にならない場合もあります。

4 ポイント

❶借主が負担する原状回復費を保証金から差し引いて返還する場合には、貸主の借主に対する役務の提供の対価に該当するため、課税売上げとして消費税の課税対象になります。

❷保証金等の返還について、償却費が定められている場合には、その償却費部分の収入計上時期は返還時ではなく契約締結時になります。

Q23 居住用賃貸建物の譲渡

居住用賃貸建物一棟を売却する予定です。賃貸料収入は非課税売上げとして計上してきましたが、売却物件に消費税は課税されますか。

A　居住用賃貸建物の賃貸料は非課税売上げですが、居住用賃貸建物の譲渡は事業用資産の譲渡に該当するため、その対価の額は課税売上げになります。

> **解説**

1 居住用賃貸建物の譲渡

1 建物は課税売上げで土地は非課税売上げ

消費税法別表第一には消費税法第 6 条の規定により非課税とされる取引が限定列挙されており、十三に「住宅の貸付け」が記載されていることから、居住用賃貸建物の賃貸料は非課税売上げになります。しかし、消費税法別表第一には「住宅の譲渡」は記載されていないことから、居住用賃貸建物の譲渡は課税売上げになります。なお、建物とともに譲渡するその敷地は同じく消費税法別表第一の一に「土地の譲渡及び貸付け」と記載されていることから非課税売上げになります。

2 土地と建物の按分

土地とその土地の上に存する建物を一括して譲渡した場合には、譲渡代金を以下の方法などにより土地と建物部分に合理的に区分する必要があります。

①譲渡時における土地及び建物のそれぞれの時価の比率による按分

②相続税評価額や固定資産税評価額を基にした按分

③土地、建物の原価（取得費、造成費、一般管理費・販売費、支払利子等を含みます）を基にした按分

2 知っておくべき知識と留意点

事例のケースにおいて重要となる消費税法上の規定は次のとおりです。

1 居住用賃貸建物に係る仕入税額の適用制限

令和2年度の税制改正により、事業者が国内において行う居住用賃貸建物に係る課税仕入等の税額については、仕入税額控除の適用を受けることができなくなりました。居住用賃貸建物とは、住宅の貸付の用に供しないことが明らかな建物以外の建物で高額特定資産又は調整対象自己建設高額資産に該当するものをいいます。

通常、資産の譲渡等が行われた場合、消費税の取扱いは売主側と買主側で同様の取扱いとなっています。すなわち、売主側で課税売上げとなる場合は、買主側においても課税仕入れとなり、売主側で非課税売上げとなる場合は、買主側においても非課税仕入れとなります。しかし、居住用賃貸建物の売買に関しては、上記仕入税額の適用制限により、売主側は課税売上げとなり消費税を納めなければなりませんが、買主側は上記制限を受けるため、仕入税額控除ができないことになります（**Q58** 参照）。

	売 主 側	買 主 側
居住用賃貸建物の売買	課税売上げ	仕入税額控除不可^(※)

（※）調整期間内に譲渡した場合には、仕入控除税額の調整により、一定の金額の仕入税額控除が受けられます（**Q60** 参照）。

2 買主から受領した未経過固定資産税等（消基通 10-1-6）

　資産の譲渡に伴い、その資産に対して課された固定資産税等について譲渡の時において未経過分がある場合で、その未経過分に相当する金額をその資産の譲渡について収受する金額とは別に収受している場合であっても、当該未経過分に相当する金額はその資産の譲渡の金額に含まれます。

3 起こりうる判断ミスと対応策

　事例の場合、次のような判断ミスが想定されます。

---

1 居住用賃貸アパートの譲渡を非課税売上げとしていた
2 未経過固定資産税等を課税売上げとしていない
3 課税売上割合の計算上、土地の譲渡を分母に計上していない

---

1 居住用賃貸アパートの譲渡を非課税売上げとしていた

① 起こりうる判断ミス

　居住用賃貸アパートを譲渡したが、その対価の額を全額、非課税売上げとして消費税を計算してしまった。

② ミスへの対応策

　居住用賃貸アパートの賃貸料は非課税売上げですが、アパートの譲渡は事業用資産の譲渡に該当するため、その対価の額のうち、建物部分は課税売上げ、土地部分は非課税売上げになります。

2 未経過固定資産税等を課税売上げとしていない

① 起こりうる判断ミス

　居住用賃貸アパートを譲渡した際、買主から受領した固定資産税の未経過分を課税売上げに計上しないで消費税を計算してしまった。

② ミスへの対応策

　上記 **2 2** により、課税売上げに含めて消費税を計算します。

⒊ 課税売上割合の計算上、土地の譲渡を分母に計上していない

➊ 起こりうる判断ミス

　　事業供用していた居住用土地建物を一括譲渡し、課税売上割合の計算上、建物部分は分母、分子に含めたが、土地部分を分母に含めていなかったため、課税売上割合が過大となり、仕入税額控除が過大となってしまった。

➋ ミスへの対応策

　　土地部分に係る非課税資産の譲渡等の対価の額は課税売上割合の計算上、分母に含める必要があります。

〈参考〉課税売上割合（消法 30 ⑥、消令 48 ①）

課税売上割合は以下の算式により計算します。

$$課税売上割合 = \frac{課税売上高 + 輸出免税売上高（税抜）}{課税売上高 + 輸出免税売上高 + 非課税売上高（税抜）}$$

4 ポイント

➊ 居住用賃貸建物の賃貸料は非課税売上げですが、居住用賃貸建物の譲渡は課税売上げになります。

➋ 買主から受領した未経過固定資産税等はその資産の譲渡の対価の額に含まれます。

2 事業付随行為

Q24 事業用車両の下取り

事業用車両を買い替えるため、旧車両を下取りしてもらい、下取り代金は新車両の値引きと考え、新車両の取得価額からマイナスして計上しています。消費税法上問題ないでしょうか。

A 資産の譲渡には事業に付随して対価を得て行われる資産の譲渡が含まれるため、事業用車両の下取りは課税売上げとなります。

> 解説

1 資産の譲渡等の範囲 (消法 2 ① 8、消基通 5-1-7)

事業として対価を得て行われる資産の譲渡には、その性質上事業に付随して対価を得て行われる資産の譲渡及び貸付け並びに役務の提供を含むものとされ、例えば、事業活動の一環として、又はこれに関連して行われる次に掲げるようなものが該当します。

(1) 職業運動家、作家、映画・演劇等の出演者等で事業者に該当するものが対価を得て行う他の事業者の広告宣伝のための役務の提供

(2) 職業運動家、作家等で事業者に該当するものが対価を得て行う催物への参加又はラジオ放送若しくはテレビ放送等に係る出演その他これらに類するもののための役務の提供

(3) 事業の用に供している建物、機械等の売却

(4) 利子を対価とする事業資金の預入れ

(5) 事業の遂行のための取引先又は使用人に対する利子を対価とする金銭
    等の貸付け
(6) 新聞販売店における折込広告
(7) 浴場業、飲食業等における広告の掲示

2 知っておくべき知識と留意点

事例のケースにおいて重要となる消費税法上の規定は次のとおりです。

1 「事業として」の意義 （消基通5-1-1）

「事業として」とは、対価を得て行われる資産の譲渡及び貸付け並びに
役務の提供が反復、継続、独立して行われることをいいます。

個人事業者が生活の用に供している資産を譲渡する場合のその譲渡は、
「事業として」には該当しません。

法人が行う資産の譲渡及び貸付け並びに役務の提供は、その全てが「事
業として」に該当します。

2 「対価を得て行われる」の意義 （消基通5-1-2）

「対価を得て行われる」とは、資産の譲渡及び貸付け並びに役務の提供
に対して反対給付を受けることをいいますので、無償による資産の譲渡及
び貸付け並びに役務の提供は、資産の譲渡等に該当しません。

車両の下取りは金銭の授受はないものの反対給付を受けているため、資
産の譲渡等に該当します。

3 事業に関して行う家事用資産の譲渡 （消基通5-1-8）

個人事業者が行う資産の譲渡のうち、次に掲げるものは、事業のために
行うものであっても、「その性質上事業に付随して対価を得て行われる資
産の譲渡」には含まれません。

①事業用資金の取得のために行う家事用資産の譲渡

②事業用資産の仕入代金に係る債務又は事業用に借り入れた資金の代物弁

済として行われる家事用資産の譲渡

3 起こりうる判断ミスと対応策

事例の場合、次のような判断ミスが想定されます。

---

1 事業用車両の下取り代金を取得価額からマイナスして計上していた
2 サッカー選手が TV 番組出演料を課税売上げに計上していなかった

---

1 事業用車両の下取り代金を取得価額からマイナスして計上していた

❶ 起こりうる判断ミス

　　事業用車両買い替えのため、旧車両を下取りに出し、下取り代金は新車両の値引きとして取得価額からマイナスして計上していた。

❷ ミスへの対応策

　　事業用資産の譲渡は事業に付随して対価を得て行われる資産の譲渡として課税売上げになるため、修正申告が必要です。なお、簡易課税制度を選択している場合、事業用資産の譲渡は第四種事業に該当します。

2 サッカー選手が TV 番組出演料を課税売上げに計上していなかった

❶ 起こりうる判断ミス

　　サッカー選手が TV 番組への出演料を雑所得に計上し、雑所得は消費税の対象外と考え、課税売上げには計上していない。

❷ ミスへの対応策

　　消費税の課税対象取引（特定仕入れを除きます）は、次の要件の全てを満たすものです。

①国内において行う取引であること

②事業者が事業として行う取引であること

③対価を得て行う取引であること

④資産の譲渡、貸付け又は役務の提供であること

　消費税法における「事業として」とは、対価を得て行われる資産の譲渡及び貸付け並びに役務の提供が反復、継続、独立して行われることをいい、所得税法における「事業」より広い概念になります。したがって、サッカー選手のTV番組出演料も、たとえ雑所得に計上されていても、上記4要件の全てを満たしていれば、課税売上げとして消費税の課税対象になります。課税売上げに計上していない場合には、修正申告が必要になります。

4 ポイント

　事業として対価を得て行われる資産の譲渡には、その性質上事業に付随して対価を得て行われる資産の譲渡及び貸付け並びに役務の提供も含まれることから、事業用資産の売却や職業運動家のTV番組出演料等も課税売上げとなります。

3 利用分量配当金

 Q25 利用分量配当金の課税区分

　協同組合から利用割合に応じた分配金の支払いを受けましたが、消費税の取扱いはどのようになりますか。

A　利用分量配当金は名目こそ配当金となっていますが、不課税取引ではなく、仕入れに係る対価の返還等に該当します。

▶ **解説**

1 利用分量配当金の課税区分

　事業者が受け取る利用分量配当金（事業分量配当金）は、協同組合等が組合員等に対して、その事業の利用割合に応じて剰余金の分配をするものであるため、その計算の基礎となった取引の戻り分となります。

　したがってその計算の基礎となった取引が課税仕入れであれば、その受けた配当金は課税仕入れの返還として、その計算の基礎となった取引が非課税仕入れであれば、その受けた配当金は非課税仕入れの返還として処理することになります。

2 知っておくべき知識と留意点

　事例のケースにおいて重要となる消費税法上の規定は次のとおりです。

1 剰余金の配当等（消基通 5-2-8）

　剰余金の配当若しくは利益の配当又は剰余金の分配（出資に係るものに限ります。以下同じ）は、株主又は出資者たる地位に基づき、出資に対す

る配当又は分配として受けるものであるから、資産の譲渡等の対価に該当
しません。

2 事業者が収受する事業分量配当金（消基通 12-1-3）

　法人税法第60条の2第1項第1号《協同組合等の事業分量配当等の損
金算入》に掲げる協同組合等から事業者が収受する事業分量配当金のうち
課税仕入れの分量等に応じた部分の金額は、当該事業者の仕入れに係る対
価の返還等に該当します。

3 起こりうる判断ミスと対応策

　事例の場合、次のような判断ミスが想定されます。

事業分量配当金の支払いを当初より不課税として処理していた

---

❶ 起こりうる判断ミス

　協同組合である納税者が、事業分量配当金を支払い始めた当初から、
本来、売上に係る対価の返還等として課税売上高から控除することが
できる利用（事業）分量配当金の支払額を、利益の配当と同様に不課
税として処理していた。

❷ ミスへの対応策

　質問のケースは、利用分量配当金を受け取る側の処理でしたが、支
払う側も同様です。すなわち、計算の基礎となった取引が課税売上で
あれば、その支払った配当金は課税売上の返還として売上に係る対価
の返還等で処理し、その計算の基礎となった取引が非課税売上であれ
ば、その受けた配当金は非課税売上の返還として処理することになり
ます。

　受取り側で課税仕入に該当する取引である場合には、仕入れに係る
対価の返還等がもれていることになり、消費税が過少申告になってい
ますので修正申告が必要です。

　支払い側で課税売上に該当する取引である場合には、売上に係る対価の返還等がもれていることになりますので、消費税が過大納付になっています。申告期限から5年以内の部分であれば更正の請求が可能ですが、更正の請求の期限を徒過している部分は、回復できない損害になります。

　このような消費税の区分誤りは、長年にわたって同じ処理をしていることが多いため、例えば更正の請求の期限の5年を目途に担当替えを行って、ゼロベースで対象会社の消費税区分を見直すことも有効です。

4 ポイント

❶ 利用分量（事業分量）配当金は、受取り側では仕入れに係る対価の返還等に、支払い側では売上に係る対価の返還等にそれぞれ該当し、課税取引か非課税取引かはその計算の基礎となった取引の内容によります。

❷ 剰余金の配当若しくは利益の配当又は剰余金の分配（出資に係るものに限る）は、株主又は出資者たる地位に基づき、出資に対する配当又は分配として受けるものであるから不課税取引に該当します。

4 移転補償金

Q26 収用による補償金の取得

都市計画道路整備のため土地建物が収用され、補償金を取得しました。消費税の課税区分はどうなりますか。

収用等による補償金の種類には様々なものがあります。対価性のあるものは課税取引になりますが、対価性がないものは不課税取引になります。

▶解説

1 収用により取得する補償金

消費税は、事業者が事業として対価を得て行う資産の譲渡等が課税対象となります。収用等については、事業者が、土地収用法その他の法律の規定により、その所有権その他の権利を収用され、かつ、その権利を取得する者からその権利の消滅に係る補償金を取得した場合には、対価を得て資産の譲渡を行ったものとして課税の対象になります。

2 知っておくべき知識と留意点

事例のケースにおいて重要となる消費税法上の規定は次のとおりです。

1 収用等による補償金の種類と消費税区分

収用等による補償金の種類には次のようなものがあり、対価性の有無により消費税の課税区分が変わります。

①対価補償金

譲渡があったものとされる収用の目的となった所有権その他の権利

の対価たる補償金であり、課税の対象となります。土地等に対するものは非課税売上、建物等に対するものは課税売上になります。

②**収益補償金**

　事業について減少することとなる収益または生ずることとなる損失の補てんに充てるものとして交付を受ける補償金であり、対価性がないため、課税の対象になりません。

③**経費補償金**

　休廃業等により生ずる事業上の費用の補てんまたは収用等による譲渡の目的となった資産以外の資産について実現した損失の補てんに充てるものとして交付を受ける補償金であり、対価性がないため、課税の対象になりません。

④**移転補償金**

　資産の移転に要する費用の補てんに充てるものとして交付を受ける補償金であり、対価性がないため、課税の対象になりません。

⑤**その他補償金**

　対価補償金たる実質を有する補償金は課税の対象となり、対価補償金たる実質を有しない補償金は課税の対象になりません。

補償金の種類	対価性	消費税課税区分
対価補償金	あり	課税
収益補償金	なし	不課税
経費補償金	なし	不課税
移転補償金	なし	不課税
その他補償金	あり	課税
	なし	不課税

2 法人税法における対価補償金等の判定 （措通64(2)-3）

　法人が交付を受けた補償金等のうちにその交付の目的が明らかでないものがある場合には、当該法人が交付を受ける他の補償金等の内容及びその算定の内訳、同一事業につき起業者が他の収用等をされた者に対してした補償の内容等を勘案して、それぞれ対価補償金、収益補償金、経費補償金、移転補償金又はその他対価補償金たる実質を有しない補償金のいずれに属するかを判定しますが、その判定が困難なときは、課税上弊害がない限り、起業者が証明するところによることができるものとされています。

3 補償金は名目ではなく対価性の有無で判断

　交付を受ける名目は様々です。例えば建物の所有者に対して対価性のある「対価補償金」が交付された際、借家人に対しても「対価補償金」として補償金が交付される場合があります。しかし、この借家人に対して交付された「対価補償金」は、対価性のない移転補償金ですので、不課税になります。補償金は名目にとらわれず、対価性の有無で課税区分を判定します。

4 判定が困難なときは起業者に聞く

　上記法人税の通達にもあるように、名目だけでは判断が困難な補償金もあります。このような場合には、起業者（補償金の交付者）に確認をとりましょう。収用による補償金は金額が大きいため、課税区分を誤ると大きなロスにつながります。

3 起こりうる判断ミスと対応策

事例の場合、次のような判断ミスが想定されます。

補償金の課税区分を誤り、基準期間の課税売上高が 5,000 万円以下となったため、簡易課税となり、設備投資に係る消費税の還付が受けられなくなってしまった

---

❶ 起こりうる判断ミス

　X 年 3 月期の消費税の計算において、基準期間である X−2 年 3 月期に、移転補償金を誤って課税売上高に計上したため、課税売上高が 5,000 万円超となり、原則課税で設備投資に係る消費税の還付を受けた。しかし、移転補償金は不課税であることから、税務調査による減額更正により課税売上高が 5,000 万円以下となり、過去に提出した「簡易課税制度選択届出書」の効力により簡易課税となり、設備投資に係る還付が受けられなくなってしまった。

❷ ミスへの対応策

　上記 ❷❶ ④のように移転補償金は通常、対価性がありませんので不課税取引に該当します。したがって、X−2 年 3 月期は過大納付分の還付が受けられますが、X 年 3 月期の設備投資に係る消費税の還付は受けられなくなります。

　このようなミスを防ぐためには次のような対応策が必要です。

(a) 補償金の課税区分は実質で判定

　収用等により取得する補償金の名目には様々なものがあります。上記 ❷ にも記載したように、補償金は名目ではなく、対価性の有無で課税区分を判断します。したがって、収用による補償金の取得のような大きな入金があった場合には、起業者（補償金の交付者）に対価性を確認する等、課税区分を慎重に判断しましょう。

(b) 選択不適用届出書提出の検討

　当初、有利選択で提出した消費税の届出書は、その目的が達成された場合には不適用届出書を提出して、当初の状態に戻しておきましょう。そして、改めて毎期末に翌期の消費税の検討を行えば、過去に提出した届出書の効力による事故を防ぐことができます。

4 ポイント

　収用による補償金の取得は、名目のいかんにかかわらず、対価性の有無により課税区分を判定します。対価性があるものは課税取引、対価性がないものは不課税取引になります。

5 合同会社の持分

 合同会社の持分譲渡

　法人の所有する合同会社の持分を譲渡しようと思いますが、消費税の課税区分はどうなりますか。

A　合同会社の持分譲渡は「有価証券の譲渡」に該当するため非課税売上になります。ただし、課税売上割合の計算上、分母にはその全額を計上します。

▶ **解説**

1 合同会社の持分譲渡

　消費税の課税対象取引は、原則として、国内において事業者が行う資産の譲渡等ですが、これらの資産の譲渡等には課税の対象としてなじまないものや、社会政策的な配慮から課税することが適当でないものがあり、これらの取引は非課税とされています。有価証券の譲渡は単なる資本の移転であり、消費という概念にはなじまないため、非課税とされています。合同会社の持分の譲渡もこの非課税の対象となる有価証券の譲渡に該当します。ただし、課税売上割合の計算上、有価証券の譲渡は分母に5％を計上するのに対し、合同会社の持分譲渡はその全額を計上します。

2 知っておくべき知識と留意点

　事例のケースにおいて重要となる消費税法上の規定は次のとおりです。

1 非課税取引（消法6①、消法別表二）

　非課税取引は消費税法別表2に限定列挙されています。非課税取引は、

支払側では課税仕入れには含まれず、控除対象になりませんが、売上側では資産の譲渡等に該当するため、課税売上割合の計算上、分母に計上されます。

趣　旨	取引の内容
課税の対象としてなじまないもの	①土地の譲渡、貸付け
	②有価証券又は支払手段の譲渡
	③利子、保証料、保険料など
	④郵便切手、印紙、証紙の譲渡
	⑤物品切手等（商品券・プリペイドカード等）の譲渡
	⑥行政手数料
	⑦外国為替
社会政策的配慮に基づくもの	①社会保険診療
	②介護保険サービス、第一種・第二種社会福祉事業など
	③助産費用
	④埋葬料、火葬料
	⑤一定の身体障害者用物品の譲渡、貸付けなど
	⑥一定の学校の授業料、入学金、施設設備費
	⑦教科用図書の譲渡
	⑧住宅の貸付け^(※)

（※）令和２年４月１日以後に行われる住宅の貸付けに係る契約において、貸付に係る用途が明らかにされていない場合であっても、その貸付け等の状況からみて人の居住の用に供されていることが明らかな場合には、非課税となります（**Q58** 参照）。

2 課税売上割合（消法 30 ⑥、消令 48 ①）

課税売上割合は以下の計算式により計算します。

$$課税売上割合 = \frac{課税売上高 + 輸出免税売上高（税抜）}{課税売上高 + 輸出免税売上高 + 非課税売上高（税抜）}$$

3 非課税となる有価証券と課税売上割合の計算

非課税となる有価証券の種類と課税売上割合の計算上、分母に含める金額は次のとおりです。

有価証券等の譲渡対価の額	分母に含める金額
金融商品取引法に規定する一定の有価証券 （ゴルフ場利用株式等を除く）	5%
一定の株主、投資主、出資者、社員となる権利	5%
貸付金、預金、売掛金その他の金銭債権	5%
合名、合資、合同会社、協同組合等の持分	全額

流通性の高い株式や金銭債権などは、売買を繰り返しても課税売上割合が著しく低くならないように 5% に調整されています。これに対し、流通性の低い合同会社等の持分は分母に全額加算します。そのため、譲渡事業年度の課税売上割合に大きな影響を与えることがあります。

3 起こりうる判断ミスと対応策

事例の場合、次のような判断ミスが想定されます。

> 合同会社の持分譲渡を不課税売上に誤計上してしまった

❶ 起こりうる判断ミス

　X年3月期の消費税につき、課税売上高が5億円超であり、全額控除ができないが、当初申告における課税売上割合が100%に限りなく近かったことから、一括比例配分方式で申告を行った。その後、課税売上割合の計算上、合同会社の持分譲渡を非課税売上に計上すべきところ、誤って不課税売上に計上していることが判明し、修正申告することになった。この修正により、課税売上割合が著しく減少し、個別対応方式が明らかに有利になったが、当初申告で選択した一括比例配分方式を個別対応方式に変更することはできないため、不利な一括比例配分方式で修正申告することになってしまった。

❷ ミスへの対応策

　上記 ❷ ❸ のとおり、合同会社の持分譲渡は非課税売上げであり、課税売上割合の計算上は分母に全額加算されます。

　今回のミスは、合同会社の持分譲渡の課税区分誤りに端を発しています。合同会社の持分を譲渡するようなイレギュラーな取引があった場合には、課税区分誤りが大きなロスにつながることを肝に銘じて、条文を確認するなど、慎重な経理処理を行いましょう。

　また、今回のような金額の大きな課税区分誤りは、ある程度は申告書自体をチェックすることで防げます。今回のケースでいえば、消費税申告書と一緒にその作成の基礎となった勘定科目別の消費税額集計表を提出させ、担当者以外の者が不課税売上や非課税売上を再チェックしていれば防げたものと思われます。イレギュラーな金額の大きい

取引があった場合にはダブルチェックを心がけましょう。

4 ポイント

　合同会社の持分譲渡は「有価証券の譲渡」であり、非課税売上になりますが、課税売上割合の計算上、分母にはその全額を計上します。

居住用賃貸建物の消費税還付 と税制改正

　令和2年度の税制改正によって居住用賃貸建物の取得に係る消費税還付は完全にできなくなりました。しかし、ここに至るまでには、消費税還付スキームと税制改正の長い歴史があります。

　まずは平成22年度改正で「調整対象固定資産を取得した場合の納税義務の免除の特例」が規定されました。これは、いわゆる自販機を用いた還付スキームを防ぐためのもので、居住用賃貸建物を取得して消費税の還付を受けても、調整対象固定資産に係る仕入税額の調整が行われ、3年後には還付を受けた消費税を返還することになりました。しかし、この特例には、2年間の強制適用期間後に居住用賃貸建物を取得した場合や、課税事業者を選択せずに、基準期間の課税売上高等で課税事業者になった場合等には従来通り還付が受けられる抜け道が存在していました。

　そこで平成28年度改正で「高額特定資産を取得した場合の納税義務の免除等の特例」が規定されました。これにより、上記抜け道はふさがれましたが、今度は3年目の調整を回避すべく、金地金のスキームが行われるようになりました。このスキームは、金の売買を繰り返すことによって課税売上割合を高く維持して調整計算を回避するというものです。

　そこで令和2年度改正で「居住用賃貸建物の取得等に係る仕入税額控除の制限」が規定され、居住用賃貸建物の取得に係る消費税の還付は一切認められなくなりました。これにより、還付スキームは一段落となりましたが、注意したいのは、令和2年度改正後も平成22年度改正や平成28年度改正の特例は存置されているというところです。

　全く消費税還付を意識せずに調整対象固定資産や高額特定資産を取得した場合でも原則課税で3年間拘束されることになります。課税仕入れの対象となる資産を取得した場合には注意が必要です。

第 **5** 章

輸出免税

1 輸出免税売上と課税売上

Q28 旅行者に対して行われる日本国内での役務の提供

当社は「日本観光のパッケージツアー」を企画、提案し、海外の旅行会社に販売しています。海外の旅行会社から注文を受けると、国内観光のバス、ホテル、食事、観光地でのイベント、ガイドなどの手配を行い、ツアーを実施します。パッケージツアーの代金は、あらかじめ定められた金額に参加人数を乗じて請求しています。このパッケージツアーは非居住者に対する役務の提供として輸出免税の対象になりますか。

各国の旅行社は非居住者に該当しますが、その役務の提供は国内において行う運送、宿泊等に係る役務の提供であり、輸出免税の適用を受ける対象にはなりません。

▷解説

1 輸出免税等

■ 非居住者に対する役務の提供（消令 17 ②七、消基通 7-2-16）

非居住者に対する役務の提供は原則として輸出免税の対象とされます。ただし、以下に該当するものは輸出免税の対象にはなりません。

①国内における飲食、宿泊

②国内間の電話、郵便など

③国内の中での電車、バス、タクシー等による旅客の輸送など

② ツアー参加者である非居住者に対する役務の提供

「日本観光のパッケージツアー」の参加者は非居住者ですが、このツアーは国内で行う旅客の運送、宿泊、食事の提供、観光施設の利用などで構成されています。したがって、国内の旅行会社は国内観光のバス会社、ホテル、レストラン、観光施設等から役務の提供を受け、これを海外の旅行会社に提供していることになります。つまり、国内において直接便益を受ける役務の提供を非居住者に対して行っていることになりますので、輸出免税の対象にはなりません。

③ 海外の旅行会社に対する役務の提供

これに対し、海外の旅行会社に対する役務の提供であり、輸出免税であるとした納税者に対し、以下の裁決が出ています。

【旅行者に対して行われる日本国内での飲食、宿泊、輸送等の役務の提供は、非居住者である外国法人に対する販売であっても、輸出免税取引に該当しないとした事例（国税不服審判所平成 23 年 6 月 14 日裁決）】

《ポイント》

　この事例は、旅行会社等が企画、手配するいわゆるパック旅行等における日本国内での飲食、宿泊、輸送等の役務提供は、販売先が国内に支店又は出張所を有しない外国法人であっても、当該旅行の参加者が国内において直接便益を享受する取引にあたる場合には、輸出免税取引に該当しないとしたものである。

《要旨》

　請求人は、請求人が旅行業を営む非居住者である外国法人に対して販売した国内パッケージツアーは、請求人が国内の各種サービス提供機関から、ホテル、レストラン、バス等の利用につき購入して作成した国内旅行を販売（本件取引）しているものであり、当該外国法人に対して飲食、宿泊、

輸送等の役務の提供をしていないこと、また、当該外国法人は飲食、宿泊、輸送等の役務を国内において直接享受するものではないことから、消費税法施行令第17条《輸出取引等の範囲》第2項第7号のロ又はハに該当せず、消費税法第7条《輸出免税等》第1項に規定する輸出免税取引に該当し、原処分は違法である旨主張する。

しかしながら、請求人が当該外国法人から受領する本件取引に係る対価の額には、旅行者が各種サービス提供機関から直接便益を享受する飲食、宿泊、輸送等の役務の提供の対価に相当する金額が含まれていると認められるところ、当該旅行者が飲食、宿泊、輸送等について国内において直接便益を享受していることは、消費税法施行令第17条第2項第7号のロ又はハに該当する輸出免税の対象となるものから除かれる非居住者に対する役務の提供にあたる。したがって、本件取引に係る対価の額のうち請求人が支払った飲食、宿泊、輸送等の役務提供に係る対価の額に相当する金額は、輸出免税取引の対価の額には該当しない。

2 知っておくべき知識と留意点

事例のケースにおいて重要となる消費税法上の規定は次のとおりです。

1 国内パッケージツアーの粗利部分は輸出免税

上記裁決には、「国内旅行の販売に係る対価の額のうち請求人が支払った飲食、宿泊、輸送等の役務提供に係る対価の額に相当する金額は、輸出免税取引の対価の額には該当しない。」と記載されていることから、国内パッケージツアーの粗利部分は輸出免税取引に該当する余地があると思われます。

3 起こりうる判断ミスと対応策

事例の場合、次のような判断ミスが想定されます。

> 「日本観光のパッケージツアー」の売上げを全額輸出免税取引として
> 処理していた

❶ 起こりうる判断ミス

　　「日本観光のパッケージツアー」の売上げは海外の旅行会社に対する役務の提供であり、輸出免税取引に該当すると判断し、全額輸出免税売上げとして処理していた。

❷ ミスへの対応策

　　上記❶❷のとおり、販売先が国内に支店又は出張所を有しない外国法人であっても、当該旅行の参加者が国内において直接便益を享受する取引にあたる場合には、輸出免税取引に該当しません。ただし、粗利部分は輸出免税として認められる余地がないかどうかは、所轄税務署に交渉してみましょう。

4 ポイント

　非居住者に対する役務の提供で、日本国内で直接便益を受けるものは、輸出免税の対象になりません。

2 外国公館等に対する 消費税免除指定店舗申請書

Q29 外国公館等との取引に係る消費税の免除

都内に所有する不動産をA国の大使館として賃貸することになりました。賃貸料は通常通り課税売上げになるのでしょうか。

外国公館等に対する消費税免除指定店舗申請手続を外務省へ提出し、同庁を通じて国税庁長官の指定を受け、A国大使館が外務省から一定の証明書の交付を受けた場合には、免税売上げとすることができます。

▶ 解説

1 外国公館等との取引に係る消費税の免除

1 制度の概要（措法86）

事業者が、国内にある外国の大使館等又は国内に派遣された大使等（以下「外国公館等」といいます）に対し、その外交任務を遂行するために必要なものとして、一定の方法により課税資産の譲渡等を行った場合には、消費税が免除されます。なお、事業者が消費税免除の適用を受ける場合には消費税免除指定店舗の指定を受けなければなりません。

2 外国公館等に対する消費税免除店舗申請手続

外国公館等に対する消費税免除指定店舗の指定を受けようとする事業者は、指定を受けようとする店舗別に「外国公館等に対する消費税免除指定店舗申請書」を外務省を通じて申請し、国税庁長官の指定を受ける必要があります。

3 「外国公館等用免税購入表」の保存

　外国公館等に対して免税で課税資産の譲渡等を行うためには、外国公館等から提出される「外国公館等用免税購入表」等の書類を整理し、事業者の納税地又は免除指定店舗の所在地に保存しておかなければなりません。なお、保存期間は、事業者が外国公館等に対して免税で課税資産の譲渡等を行った日の属する課税期間の末日の翌日から2か月を経過した日から7年間と定められています。

2 知っておくべき知識と留意点

　事例のケースにおいて重要となる消費税法上の規定は次のとおりです。

1 免税で課税資産の譲渡等を行う場合の手続

　事業者が外国公館等に対して免税で課税資産の譲渡等を行う場合の手続は、資産の譲渡等の内容に応じ、それぞれ定められた方法で行う必要があります。また、外国公館等が免税で譲渡等を受けられる課税資産の譲渡等については、外国公館等が外務省から交付を受けた証明書（免税カード等）の種類により、課税資産の譲渡等の内容及び一回の取引につき免税の対象となる課税資産の譲渡等の最低金額に制限が加えられることがありますので、事業者はその免税カード等に記載された内容をよく確認する必要があります。

3 起こりうる判断ミスと対応策

　事例の場合、次のような判断ミスが想定されます。

> 国税庁長官の指定を受けずに免税売上げとして処理していた

① 起こりうる判断ミス

　A国大使館からの賃貸料収入を消費税免除指定店舗の指定を受けずに免税売上げとしていた。

❷ ミスへの対応策

上記 **❶❷** のとおり、事業者が、外国公館等に対して免税で課税資産の譲渡等を行うためには、消費税免除指定店舗の指定を受けた上で、資産の譲渡等の内容に応じ、それぞれ定められた方法で課税資産の譲渡等を行い、「外国公館等用免税購入表」等を保存しておく必要があります。

4 ポイント

外国公館等との取引に係る消費税の免除を受けるためには、「外国公館等に対する消費税免除指定店舗申請書」を提出して国税庁長官の指定を受けなければなりません。

3 輸出物品販売場許可申請書

Q30 輸出物品販売場許可申請書の提出

輸出物品販売場の許可を受けているドラッグストアを営業譲渡契約によりそのまま譲り受けることになりました。改めて「輸出物品販売場許可申請書」を提出する必要はありますか。

輸出物品販売場を経営する事業者が異なることとなった場合には、改めて納税地の所轄税務署長に許可を受ける必要があります。

▶ 解説

1 輸出物品販売場の営業譲渡を受けた場合

　輸出物品販売場とは、一定の要件を満たす課税事業者が経営する販売場で、事業者の納税地を所轄する税務署長の許可を受けた販売場をいいます。このため、輸出物品販売場を経営する事業者が異なることとなった場合には、新たに許可を受ける必要があります。したがって、輸出物品販売場の営業譲渡を受けた法人は、その納税地を所轄する税務署長に「輸出物品販売場許可申請書」を提出し、改めて輸出物品販売場の許可を受ける必要があります。

2 知っておくべき知識と留意点

　事例のケースにおいて重要となる消費税法上の規定は次のとおりです。

1 輸出物品販売場における輸出物品の譲渡に係る免税（消法8①）

　輸出物品販売場を経営する事業者が非居住者に対し、免税対象物品の譲

渡を行った場合には、当該物品の譲渡については、消費税が免除されます。なお、当該物品の譲渡を免税とするためには、次の全ての要件を満たす必要があります。

- 輸出物品販売場の許可を受けていること
- 非居住者に対する販売であること
- 免税対象物品の販売であること
- 所定の手続で販売すること
- 「購入者誓約書」等を保存していること

2 輸出物品販売場の種類

輸出物品販売場には、販売場を経営する事業者自身がその販売場においてのみ免税販売手続を行う「一般型輸出物品販売場」と、その販売場が所在する商店街やショッピングセンター等の特定商業施設内に免税販売手続を代理するための設備（免税手続カウンター）を設置する事業者が、免税販売手続を代理する「手続委託型輸出物品販売場」の2種類があります。

3 一般型輸出物品販売場の許可に関する手続等（消令18の2）

輸出物品販売場を経営する事業者は、「輸出物品販売場許可申請書（一般型用）」に以下の書類を添付して、その納税地を所轄する税務署長に提出しなければなりません。

- 許可を受けようとする販売場の見取図
- 申請者の事業内容が確認できる資料（会社案内やホームページ掲載情報など）
- 許可を受けようとする販売場の取扱商品が確認できる資料（商品カタログなど）
- その他参考となる書類（免税販売手続マニュアルなど）

税務署長は、上記申請書の提出があった場合には、遅滞なくこれを審査

し、許可又は却下します。

4 一般型輸出物品販売場の許可要件

　一般型輸出物品販売場としての許可を受けるためには、次の要件の全て
を満たす必要があります。

- 現に国税の滞納がないこと
- 許可を取り消された場合には、その取消しから3年を経過していること
- 輸出物品販売場を経営する事業者として特に不適当と認められる事情が
  ないこと
- 現に非居住者の利用又は利用が見込まれる場所に所在する販売場である
  こと
- 免税販売手続に必要な人員を配置しこれを行う設備を有する販売場であ
  ること

3 起こりうる判断ミスと対応策

事例の場合、次のような判断ミスが想定されます。

「輸出物品販売場許可申請書」の提出を失念していた

❶ 起こりうる判断ミス

　X年1月期から3月期（課税期間を1か月に短縮している）の消費税
につき、営業譲渡を受けたドラッグストアの「輸出物品販売場許可申
請書」の提出を失念したため、免税売上が認められず、国内における
課税売上になってしまった。

❷ ミスへの対応策

　上記❶のとおり、輸出物品販売場を経営する事業者が異なること
となった場合には、新たに許可を受ける必要があります。したがって、
輸出物品販売場の営業譲渡を受けた法人は、その納税地を所轄する税

務署長に「輸出物品販売場許可申請書」を提出し、改めて輸出物品販売場の許可を受ける必要があります。

　輸出物品販売場の免税については要件が複雑であることから、国税庁から以下のような資料が提供されています。新たな関与先に関与開始する場合には、関連のある国税庁の公表資料に目を通し、申請書や届出書の提出もれがないように事前に確認しましょう。

- 輸出物品販売場制度に関するＱ＆Ａ
- 輸出物品販売場許可申請書添付書類自己チェック表

4 ポイント

　輸出物品販売場の経営者が変わった場合には、改めて「輸出物品販売場許可申請書」を提出し、許可を受ける必要があります。

4 引取りに係る消費税

Q31 引取りに係る消費税

当社は電気部品の輸入販売業を営んでおり、輸入品の引取りに係る消費税が常に発生しています。このたび、税関の調査を受け、過去 5 期分の引取りに係る消費税の申告もれを指摘され、税関に修正申告書を提出して不足額を納付しました。この引取りに係る消費税は今期の消費税から控除できますか。

A 今期の消費税の計算上、仕入税額控除はできません。それぞれの期に遡って更正の請求書を提出することになります。

解説

1 引取りに係る消費税

仕入に係る消費税額の控除は基本的には、その課税仕入れを行った日の属する課税期間の課税標準に対する消費税額から控除します。したがって、後日、税務調査等で仕入税額控除の計上もれ等が発覚した場合には、その課税仕入れを行った日に遡って修正等をする必要があります。

2 知っておくべき知識と留意点

事例のケースにおいて重要となる消費税法上の規定は次のとおりです。

1 仕入れに係る消費税額の控除（消法 30 ①）

事業者が、国内において行う課税仕入れ若しくは特定課税仕入れ又は保税地域から引き取る課税貨物については、次の各号に掲げる場合の区分に応じその各号に定める日の属する課税期間の課税標準額に対する消費税額

から、その課税期間中に国内において行った課税仕入れに係る消費税額、その課税期間中に国内において行った特定課税仕入れに係る消費税額及びその課税期間における保税地域からの引取りに係る課税貨物につき課された又は課されるべき消費税額の合計額を控除します。

①国内において課税仕入れを行った場合……その課税仕入れを行った日
②国内において特定課税仕入れを行った場合……その特定課税仕入れを行った日
③保税地域から引き取る課税貨物につき引取りに係る申告書を提出した場合……その申告に係る課税貨物を引き取った日

(注)保税地域から引き取る課税貨物につき特例申告書を提出した場合にはその特例申告書を提出した日

2 課税貨物を引き取った日の意義 （消基通 11-3-9）

仕入れに係る消費税額の控除に規定する「課税貨物を引き取った日」とは、関税法第 67 条《輸出又は輸入の許可》に規定する輸入の許可を受けた日をいいます。

3 起こりうる判断ミスと対応策

事例の場合、次のような判断ミスが想定されます。

税関調査に係る更正の請求を誤ったため、一部期限を徒過してしまい、還付が受けられなくなってしまった

① 起こりうる判断ミス

税関調査により過去 5 期分の引取りに係る消費税の修正申告書を提出したため、過年度分を含め、その全額を進行年度で仕入税額控除を行い還付申告したところ、所轄税務署より、各期ごとに更正の請求を行わなければならない旨の指摘を受けたため、最初の 1 期分につき更

正の請求期限が徒過してしまい、還付が受けられなくなってしまった。

❷ ミスへの対応策

　上記 **2** **1** のとおり、保税地域から引き取る課税貨物につき引取りに係る申告書を提出した場合には、その申告に係る課税貨物を引き取った日、すなわち輸入の許可を受けた日に仕入税額控除を行います。したがって、税関調査を受けた事業年度において、申告もれを指摘された過去5期分の引取りに係る消費税を進行期から控除することは認められず、各事業年度に遡って更正の請求を行うことになります。本事例は、税関調査終了後直ちに更正の請求を行えば、全ての還付が認められたところ、誤って進行事業年度で処理したため、一部更正の請求の期限を徒過してしまい還付が受けられなくなってしまいました。

4 ポイント

　課税貨物の引取りに係る消費税は、課税貨物を引き取った日の属する課税期間において仕入税額控除を行います。

税理士職業賠償責任保険

　毎年、税理士職業賠償責任保険の事故事例が㈱日税連保険サービスから公表されています。その冒頭に税目別支払件数と支払金額が掲載されていますが、その両方でダントツなのが消費税です。直近のデータによれば、支払件数で48.9％、支払金額で43.5％を消費税が占めています。その中で最も多いのが「選択届出書の提出失念」です。Column 1（43ページ）に記載したように、消費税の選択届出書は事前に提出するのがルールになっています。したがって、適用を受けたい課税期間になってからこれに気付いても、提出期限を過ぎているため、有利な課税方法を選択できず、事故となります。ミスの多い順としては、①簡易課税制度選択不適用届出書、②簡易課税制度選択届出書、③課税事業者選択届出書、④課税事業者選択不適用届出書になります。①簡易課税制度選択不適用届出書の提出失念で多いのは、設備投資に係る消費税の還付を受けようとした際に、過去に提出した「簡易課税制度選択届出書」の効力により、原則課税が採れず、還付不可となるケースです。したがって、新たに関与開始する場合には、過去に提出された消費税届出書は全て確認する必要があります。確認を怠って有利な課税方法を選択できなくなった場合には、現在関与している税理士の責任になります。

　事故が起きないことが一番ですが、万一事故が起きた場合、保険に加入していれば安心です。保険料は全額経費になりますので、保険に加入しておくことをおすすめします。

第**6**章

仕入税額控除

Q32 役員借入金の代物弁済

同族会社の代表者からの役員借入金を減らすため、同族会社が所有する事業用建物を代表者に代物弁済することを検討しています。この場合、消費税の課税関係はどうなりますか。

A
代物弁済も資産の譲渡等に該当します。今回は、事業用建物による代物弁済ですので、消費税の課税取引になります。したがって、事業用建物で返済を行った同族会社には課税売上げが、事業用建物で返済を受けた代表者には課税仕入が計上されます。

> **解説**

1 代物弁済は消費税の課税対象

代物弁済とは、民法第482条に「弁済をすることができる者（以下「弁済者」といいます）が、債権者との間で、債務者の負担した給付に代えて他の給付をすることにより債務を消滅させる旨の契約をした場合において、その弁済者が当該他の給付をしたときは、その給付は、弁済と同一の効力を有する。」と規定されています。つまり、現金を借りたにもかかわらず、現金を返せそうにないので不動産で返したいというときに、債権者が承諾すれば不動産を渡すことよって弁済をしたこととするという契約が成立し、これを代物弁済といいます。代物弁済は消費税の課税取引に該当しますので、消費税を認識する必要があります。

2 知っておくべき知識と留意点

事例のケースにおいて重要となる消費税法上の規定は次のとおりです。

1 消費税の課税対象と資産の譲渡等（消法4、2①八）

　消費税の課税対象となる取引は、国内において事業者が事業として対価を得て行う資産の譲渡等及び外国貨物の引取り（輸入取引）です。ここで「資産の譲渡等」とは、事業として対価を得て行われる資産の譲渡及び貸付け並びに役務の提供（代物弁済による資産の譲渡その他対価を得て行われる資産の譲渡若しくは貸付け又は役務の提供に類する行為を含みます）をいいます。

2 代物弁済による資産の譲渡（消基通5-1-4）

　「代物弁済による資産の譲渡」とは、債務者が債権者の承諾を得て、約定されていた弁済の手段に代えて他の給付をもって弁済する場合の資産の譲渡をいいます。

3 起こりうる判断ミスと対応策

　事例の場合、次のような判断ミスが想定されます。

事業用建物の代物弁済を受けたが、簡易課税を選択していたため還付が受けられなくなってしまった

---

❶ 起こりうる判断ミス

　社長の相続税対策として、同族会社に計上されている社長からの役員借入金を減らすため、同族会社が所有する事業用建物を社長に代物弁済した。しかし、社長が簡易課税を選択していたため、事業用建物の取得に係る消費税の還付が受けられなくなってしまった。

❷ ミスへの対応策

　上記 **2** **1** のとおり、「代物弁済による資産の譲渡」も消費税の課税取引になります。したがって、あらかじめ、課税売上げが計上される法人側と、課税仕入れが計上される個人側の消費税の課税状況を確認しておく必要があります。

　本事例のように、法人とその社長である個人との取引である場合、

法人側の課税状況は把握していても、個人側の課税状況の確認となると、いわゆる1年に一度であることが多く、おろそかになりがちです。個人、法人間の取引を行う場合には、必ず事前に個人側の消費税の届出状況等も確認しておきましょう。

4 ポイント

代物弁済により事業用資産を譲渡する場合には、代物弁済を行う側には、課税売上げが、代物返済を受ける側には課税仕入れが発生するため、事前に消費税の課税状況を確認しておきましょう。

Q33 テナントビルの売却

不動産賃貸業を営んでいますが、来期、テナントビル 1 棟を売却する予定です。基準期間の課税売上高は 5,000 万円以下であり、簡易課税が選択できる状況です。原則課税と簡易課税のどちらが有利でしょうか。

実際の仕入率を推定し、簡易課税のみなし仕入率とどちらが有利になるか判断しましょう。なお、簡易課税の選択には 2 年間の継続適用要件がありますので、2 年間のトータルで判断する必要があります。

解説

1 テナントビルの売却

テナントビルの売却は、建物は課税売上げ、土地は非課税売上げになります。有利判定は、原則課税の実際の仕入率と、簡易課税のみなし仕入率でどちらが有利になるか判断します。簡易課税における事業用固定資産の売却収入はみなし仕入率 60％（第 4 種事業）になります。なお、簡易課税には 2 年間の継続適用要件がありますので、2 年間のトータルで有利判定を行う必要があります。

2 知っておくべき知識と留意点

事例のケースにおいて重要となる消費税法上の規定は次のとおりです。

1 簡易課税制度（消法 37、消令 57）

その課税期間の基準期間における課税売上高が 5,000 万円以下で、簡易課税制度の適用を受ける旨の届出書を事前に提出している事業者は、実際の課税仕入れ等の税額を計算することなく、課税売上高から仕入控除税額の計算を行う簡易課税制度の適用を受けることができます。この制度は、

仕入控除税額を課税売上高に対する税額の一定割合とするもので、この一定割合をみなし仕入率といい、売上げを次の6つに区分し、それぞれの区分ごとに定められたみなし仕入率を乗じて計算します。

$$\text{仕入控除税額} = \left(\begin{array}{c} \text{課税標準額に} \\ \text{対する消費税額} \end{array} - \begin{array}{c} \text{売上対価の返還等} \\ \text{に係る消費税額} \end{array} \right) \times \text{みなし仕入率}$$

　簡易課税制度を適用するときの事業区分およびみなし仕入率は次のとおりです。

事業区分	みなし仕入率
第1種事業　（卸売業）	90%
第2種事業　（小売業、農業・林業・漁業（飲食料品の譲渡に係る事業に限る））	80%
第3種事業　（農業・林業・漁業（飲食料品の譲渡に係る事業を除く）、鉱業、建設業、製造業、電気業、ガス業、熱供給業および水道業）	70%
第4種事業　（第1種事業、第2種事業、第3種事業、第5種事業および第6種事業以外の事業）	60%
第5種事業　（運輸通信業、金融業および保険業、サービス業（飲食店業に該当するものを除く））	50%
第6種事業　（不動産業）	40%

2 固定資産等の売却収入の事業区分（消基通 13-2-9）

　事業者が自己において使用していた固定資産等の譲渡を行う事業は、第4種事業に該当します。

3 特例の計算

　2 種類以上の事業を営む事業者で、1 種類の事業の課税売上高が全体の課税売上高の 75％ 以上を占める場合には、その事業のみなし仕入率を全体の課税売上げに対して適用することができます。

3 起こりうる判断ミスと対応策

事例の場合、次のような判断ミスが想定されます。

> テナントビル 1 棟を売却したが、有利判定を怠り、不利な原則課税で申告してしまった

❶ 起こりうる判断ミス

　この事業者は複数の賃貸ビルを所有する不動産業を営んでおり、課税売上高はここ数年、5,000 万円弱であり、通常は仕入率が 30％ 前後であったことから、簡易課税が有利であった。しかし、修繕費等の支出があったことから簡易課税は選択せず、原則課税で申告していた。このたび、テナントビルの 1 棟を 5 億円（土地 3 億円、建物 2 億円）で売却することになったが、有利判定を怠り、不利な原則課税で申告してしまった。

❷ ミスへの対応策

　簡易課税における事業用固定資産の売却収入は、みなし仕入率 60％（第 4 種事業）であることから、実際の仕入率よりも高く、また、上記 ❷ ❸ の特例計算により、全体にみなし仕入率 60％ を適用できることから、簡易課税が有利になります。なお、テナントビル引渡し前に上記ミスに気付いた場合には、課税期間短縮によってミスがカバーできないか検討しましょう（**Q5** 参照）。

4 ポイント

❶ 原則課税か簡易課税かの有利判定は、実際の予想仕入率とみなし仕入率の高い方を採用します。

❷ 簡易課税には2年間の継続適用要件がありますので、有利判定は2年間のトータルで行います。

❸ 簡易課税が選択できる場合には、必ず事前に原則課税との有利判定を行い、最終判断は依頼者に求め、必要な場合には「意思決定通知書」等を書面で入手し、証拠として残すようにしましょう。

2 個別対応方式か一括比例配分方式か

Q34 戸建住宅の建売販売

当社は住宅の建売業者です。課税売上割合は絶えず 95％ 未満であり、全額控除はできないことから、個別対応方式か一括比例配分方式かの選択が必要です。通常どちらが有利になりますか。

A 建物が住宅であっても、その建築費用は課税資産の譲渡等にのみ要するもの（課税対応）になりますので、通常は個別対応方式が有利になります。

▶解説

1 住宅の建売販売

建売業者の場合、建物部分の売上げは住宅であっても課税売上になります。一方、その敷地である土地の売上げは非課税売上であるため、課税売上割合は通常の事業者に比べ、相当低くなります。一方、建物の工事費用は課税売上対応課税仕入、土地の購入費用は非課税仕入になりますので、個別対応方式を選択した方が有利になるケースが多いと考えます。

2 知っておくべき知識と留意点

事例のケースにおいて重要となる消費税法上の規定は次のとおりです。

1 原則課税における仕入税額控除（消法 30）

その課税期間における課税売上高が 5 億円超又は課税売上割合 95％ 未満の事業者は、消費税の原則課税における仕入税額控除において、全額控

除は認められず、個別対応方式と一括比例配分方式のいずれかを選択して申告します。

2 個別対応方式（消法 30 ②一）

　課税仕入れ等について、①課税資産の譲渡等にのみ要するもの（課税対応）、②その他の資産の譲渡等にのみ要するもの（非課税対応）及び③これらに共通して要するもの（共通対応）に区分が明らかにされている場合には次の計算式により仕入控除税額を計算することができます。

> 仕入控除税額＝①に係る課税仕入等の税額＋（③に係る課税仕入等の税額
> 　　　　　　×課税売上割合）

　一般的に課税売上にのみ要する課税仕入れが多い場合や、課税売上割合が低い場合には、個別対応方式を採用したほうが有利になります。

3 一括比例配分方式（消法 30 ②二、④）

　一括比例配分方式は仕入控除税額の計算において、個別対応方式を適用できない場合又は個別対応方式を適用できる場合であっても一括比例配分方式を選択したときに適用されます。一括比例配分方式は次の計算式により計算します。

> 仕入控除税額＝課税仕入等の税額×課税売上割合

　一括比例配分方式は、課税仕入れ等に係る消費税額の合計額に課税売上割合を乗じて計算するため、個別対応方式に比べ手間がかかりません。ただし、一括比例配分方式には 2 年間の継続適用要件があります。

4 課税売上割合（消法 30 ⑥、消令 48 ①）

課税売上割合は以下の計算式により計算します。

$$課税売上割合 = \frac{課税売上高 + 輸出免税売上高（税抜）}{課税売上高 + 輸出免税売上高 + 非課税売上高（税抜）}$$

〈個別対応方式と一括比例配分方式の比較〉

	個別対応方式	一括比例配分方式
メリット	・税額上有利になることが多い ・2 年間の継続適用要件がない ・課税売上割合に準ずる割合の適用可	・事務負担が軽い ・その他の資産の譲渡等にのみ要するものの控除可
デメリット	・事務負担が重い ・その他の資産の譲渡等にのみ要するものの控除不可	・税額上不利になることが多い ・2 年間の継続適用要件がある ・課税売上割合に準ずる割合の適用不可

3 起こりうる判断ミスと対応策

事例の場合、次のような判断ミスが想定されます。

有利判定を行わず不利な一括比例配分方式で計算していた

❶ 起こりうる判断ミス

　住宅の建売業者で、課税仕入れに係る控除税額の計算方法として個別対応方式が有利であったが、有利判定を行わず、不利な一括比例配分方式により計算していた。

❷ ミスへの対応策

　課税売上高 5 億円超又は課税売上割合 95% 未満の場合には、個別
対応方式と一括比例配分方式のいずれかを選択しなければならないこ
とから、有利判定は毎期必ず行いましょう。なお、一括比例配分方式
には 2 年間の継続適用要件があることから、一括比例配分方式を選択
する場合には、翌期のことを考慮して、2 年間トータルでの有利判定
を行いましょう。

4 ポイント

❶ 全額控除が認められない事業者（課税売上高 5 億円超又は課税売上割合が
95% 未満）は個別対応方式か一括比例配分方式かの有利判定は毎期必ず
行いましょう。

❷ 一括比例配分方式には 2 年間の継続適用要件があることから、2 年間
トータルでの有利判定を行いましょう。

❸ 個別対応方式か一括比例配分方式かの最終判断は依頼者に求め、必要
な場合には「意思決定通知書」等を書面で入手し、証拠として残すよう
にしましょう。

Q35 共通対応を計上しなかった

当社（A 社）は、課税売上高が 5 億円を超えているため、毎期有利な原則課税を選択しています。ところで、当社の非課税売上は僅かな受取利息と借上げ社宅の本人負担分だけです。それでも共通対応に係る課税仕入等の税額を計上しなければなりませんか。

個別対応方式は課税仕入れ等について「課税対応」「非課税対応」「共通対応」に区分されている場合にのみ認められます。貴社の場合、「非課税対応」がほぼないと想定されることから、「共通対応」を計上しないと、全て「課税対応」となってしまい、全額控除と同様の税負担となるため、認められません。

解説

1 個別対応方式が選択できる場合

その課税期間における課税売上高が 5 億円超又は課税売上割合 95% 未満の事業者は、消費税の原則課税における仕入税額控除においては、全額控除は認められず、個別対応方式と一括比例配分方式のいずれかを選択して申告することになります。個別対応方式が選択できるのは、課税仕入れ等について、①「課税対応」、②「非課税対応」及び③「共通対応」に区分が明らかにされている場合に限られます。非課税売上が少額だからといってその全てを「課税対応」として申告することは認められません。

2 知っておくべき知識と留意点

事例のケースにおいて重要となる消費税法上の規定は次のとおりです。

1 個別対応方式（消法 30 ②一）

課税仕入れ等について、①課税資産の譲渡等にのみ要するもの（課税対応）、②その他の資産の譲渡等にのみ要するもの（非課税対応）及び③これらに共通して要するもの（共通対応）に区分が明らかにされている場合に

は次の計算式により仕入控除税額を計算することができます。

> 仕入控除税額＝①に係る課税仕入等の税額＋（③に係る課税仕入等の税額
> 　　　　　　　×課税売上割合）

② 課税売上と非課税売上に共通して要するもの（消基通 11-2-16）

　共通対応分とは、原則として課税資産の譲渡等と非課税資産の譲渡等に共通して要する課税仕入れ等がこれに該当します。例えば、課税資産の譲渡等と非課税資産の譲渡等がある場合に、それらに共通して使用される資産の取得費用や、消耗品費、電話料金、電気料金、ガス料金、水道料金等の課税仕入れ等がこれに該当します。

　また、株券の発行にあたって印刷業者へ支払う印刷費、証券会社へ支払う引受手数料等のように資産の譲渡等に該当しない取引に要する課税仕入れ等は、共通対応分として区分することとなります。

3 起こりうる判断ミスと対応策

　事例の場合、次のような判断ミスが想定されます。

> 個別対応方式が認められず一括比例配分方式で修正申告することに
> なってしまった

❶ 起こりうる判断ミス

　A社は、恒常的に課税売上高が5億円を超えており、仕入控除税額の選択にあたり、個別対応方式が有利と判断し採用していた。しかし、非課税売上高が有価証券の譲渡と受取利息だけであったことから、「共通対応」はないものと判断して計上しなかったところ、税務調査を受けた際、課税仕入等の区別がされていないとして、一括比例配分方式で修正申告をすることになってしまった。

❷ ミスへの対応策

　非課税売上高がわずかであり、これに直接対応する課税仕入等がない場合でも、例えば間接部門の経費を「共通対応」に計上するなどして、個別対応方式の要件を満たすようにしましょう。

4 ポイント

　個別対応方式が選択できるのは、課税仕入れ等について、①「課税対応」、②「非課税対応」及び③「共通対応」に区分が明らかにされている場合に限られます。

Q36 土地の造成費用が多額に発生

当社は不動産業を営んでおり、通常、課税売上高は 5,000 万円超であり、課税売上割合は 30% 前後のため、原則課税の個別対応方式を採用しています。今期は、販売用土地の造成を行ったため、非課税売上対応課税仕入が多額に発生しています。個別対応方式と一括比例配分方式のどちらを選択した方が有利でしょうか。

A 非課税売上対応課税仕入が多額な場合には一括比例配分方式が有利になる可能性があります。どちらが有利になるか計算したうえで選択しましょう。なお、今期一括比例配分方式で申告した場合には、来期も一括比例配分方式で申告する必要がありますので、2 年間のトータルで判断する必要があります。

> 解説

1 販売用土地の造成費

販売用土地の造成費は、非課税売上対応課税仕入に該当するため、個別対応方式を採用すると一切控除できませんが、一括比例配分方式を採用すれば、課税売上割合分だけ控除することができます。個別対応方式か一括比例配分方式かの選択は、申告時点で選択できますので、どちらが有利かを実額で判断して選択することができます。ただし、一括比例配分方式には 2 年間の継続適用要件がありますので、2 年間のトータルで判断する必要があります。

2 知っておくべき知識と留意点

事例のケースにおいて重要となる消費税法上の規定は次のとおりです。

1 非課税仕入れ

非課税仕入れとは、土地や株券の購入費、支払利息などで、いかなる場合でも仕入税額控除はできません。

2 非課税売上対応課税仕入

個別対応方式による仕入税額控除に規定する「その他の資産の譲渡等にのみ要するもの」であり、非課税資産の譲渡等を行うためにのみ必要な課税仕入れ等をいいます。販売用の土地の造成に係る課税仕入れ、賃貸用住宅の建築に係る課税仕入れ等(※)がこれに該当します。

この非課税売上対応課税仕入は個別対応方式を選択した場合には一切控除できませんが、一括比例配分方式を選択した場合には課税売上割合分だけは控除することができます。

(※)居住用賃貸建物の取得等に係る課税仕入れ等については令和 2 年 10 月以降は仕入税額控除の適用を受けることができなくなりました （Q58 参照)。

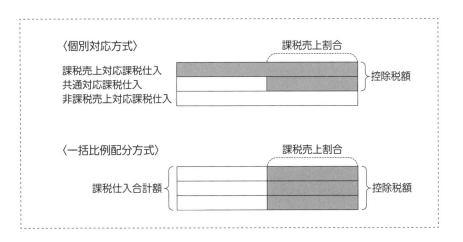

3 起こりうる判断ミスと対応策

事例の場合、次のような判断ミスが想定されます。

> 販売用土地の造成費を非課税仕入と誤認していた

❶ 起こりうる判断ミス

　今期は、販売用土地の造成を行ったため、非課税売上対応課税仕入が多額に発生しており、一括比例配分方式が有利であったにもかかわらず、非課税仕入と誤認したため有利判定を行わず、不利な個別対応方式で計算してしまった。

❷ ミスへの対応策

　非課税売上対応課税仕入と非課税仕入の違いを理解し、非課税売上対応課税仕入が多い場合には一括比例配分方式が有利になることも想定し、個別対応方式との有利判定を行うことが必要です。

4 ポイント

❶ 非課税売上対応課税仕入が多額な場合には一括比例配分方式が有利になる可能性がありますので、有利判定は必ず行うようにしましょう。

❷ 一括比例配分方式には2年間の継続適用要件がありますので、2年間のトータルで有利判定を行いましょう。

一括仕入れの調剤薬品等

当社は調剤薬局を営んでおり、売上げは課税売上（自費診療に係るもの）と非課税売上（医師の処方箋に基づいて販売するもの）が混在しており、課税売上割合は 95％ 未満です。問屋から仕入れた調剤薬品はそのほとんどが非課税売上ですが、仕入れた時点では区分できないため共通対応に区分して個別対応方式を選択しても問題ないでしょうか。

同様の内容の審査請求が平成 18 年 2 月 28 日の裁決で認められていますので、共通対応に区分して個別対応方式を選択しても問題ないと思われます。

▶ 解説

1 一括仕入れの調剤薬品等の仕入れは共通対応

調剤薬局が問屋から調剤薬品を一括で仕入れている場合には、個別対応方式の適用要件である課税仕入を 3 つに区分することができないものと判断し、一括比例配分方式を選択しているケースが多いようですが、上記裁決事例以降は、合理的な根拠に基づいて 3 つに区分をしている限りにおいてはその区分が認められています。

2 知っておくべき知識と留意点

事例のケースにおいて重要となる消費税法上の規定は次のとおりです。

■ 原則課税における仕入税額控除（消法 30 ②）

消費税の原則課税における仕入税額控除の計算は、課税売上高 5 億円超又は課税売上割合が 95％ 未満の場合には、全額控除は認められず、個別対応方式か一括比例配分方式のいずれかを選択しなければなりません。

■ 個別対応方式（消法 30 ②一）

個別対応方式は、その課税期間中の課税仕入れ等に係る消費税額のすべ

てを、①課税資産の譲渡等にのみ要するもの（課税対応）、②その他の資産の譲渡等にのみ要するもの（非課税対応）、③これらに共通して要するもの（共通対応）に区分が明らかにされている場合には次の計算式により仕入控除税額を計算することができます。

仕入控除税額＝①に係る課税仕入等の税額＋（③に係る課税仕入等の税額 ×課税売上割合）

ここにいう「共通対応」とは、課税売上げのみに要する課税仕入れ及び非課税売上げのみに要する課税仕入れのいずれにも該当しない課税仕入れをいうものとされています。また、「その区分が明らかにされている」という規定に関しては、現行法上明記されていないため、事業者が、合理的な根拠に基づいてこの３つに区分をしている限りにおいては、認められなければならず、また、その区分を明らかにする方法についても、現行法上明記されていないため、何らかの方法で事業者がその区分を明らかにしていれば、法定要件を満たしていることになります。

③ 裁決事例における「一括仕入れの調剤薬品等の仕入れ区分」

前記の国税不服審判所の裁決要旨は次のとおりです。

【個別対応方式による仕入税額控除額の計算にあたり、一括仕入れの調剤薬品等の仕入れを共通売上対応分であるとした用途区分に区分誤りはなかったとした事例】

消費税法第30条《仕入れに係る消費税額の控除》第２項に規定する課税仕入れ等の税額の計算を行うに当たり、原処分庁は、個別対応方式を選択して申告している請求人が、共通売上対応分とした調剤薬品等の仕入れについて、課税売上げ対応分があったとしても当該売上げは本来の目的とは別途に事後的に発生するものであり、課税仕入れを行った日の状況においては非課税売上対応分とすべきであると主張する。

　しかしながら、調剤薬品等は、そのほとんどが非課税売上げとなっているものではあるが、現実的に、課税売上となる販売として［1］他の保険薬局（同業者）への小分け販売、［2］医師の指示書による販売、［3］自費診療（患者負担 10 割）による販売が発生していることから、その仕入れた時点における区分は、課税売上げのみに要する課税仕入れ又は非課税売上げのみに要する課税仕入れとは認められないから、共通売上対応分の課税仕入れとするのが相当である。

（国税不服審判所公表裁決事例要旨：平成 18 年 2 月 28 日裁決）

3 起こりうる判断ミスと対応策

事例の場合、次のような判断ミスが想定されます。

仕入の区分ができないものと判断し、不利な一括比例配分方式で申告し続けていた

❶ 起こりうる判断ミス

　一括仕入れの調剤薬品等の仕入れを「共通対応」とすれば、課税仕入れ等に係る消費税額が明確に区分されており、個別対応方式が選択できたにもかかわらず、仕入れの区分ができないものと判断し、不利な一括比例配分方式で申告していた。

❷ ミスへの対応策

　一括仕入れの調剤薬品等の仕入れは、上記 ❷ ❸ の裁決要旨に「その仕入れた時点における区分は、課税売上げのみに要する課税仕入れ又は非課税売上げのみに要する課税仕入れとは認められないから、共通売上対応分の課税仕入れとするのが相当である。」と記載されていることから、「共通対応」に区分して個別対応方式が選択できるものと思われます。また、上記消費税の区分誤りは更正の請求の対象にな

ると思われますので、所轄税務署に確認してみましょう。

　なお、今回の事例は、法律や通達にはありませんが、裁決事例にほとんど同様の事例の結論が掲載されています。判断に迷うような依頼を受けた場合には、条文だけでなく、国税庁から発せられる情報や、国税不服審判所の裁決事例、さらには判決事例などにも関心を持ち、情報収集を心がけるようにしましょう。

4 ポイント

　個別対応方式の適用にあたり、課税仕入れを合理的な根拠に基づいて3つに区分している限りにおいてはその区分が認められます。

3 調整対象固定資産

Q38 調整対象固定資産の3年縛り

医師である私は、このたび、独立開業することになり、クリニック開業にあたり、課税事業者を選択して設備投資（100万円以上）に係る消費税の還付を受けようと思います。消費税法上気をつけることがあれば教えてください。

設備投資は調整対象固定資産に該当しますので、特例により3年間、原則課税の課税事業者として拘束されることになります。したがって、3年間のトータルで課税事業者選択の有利判定を行う必要があります。

▶ 解説

1 調整対象固定資産を取得した場合の納税義務の免除の特例

1 調整対象固定資産を取得した場合の納税義務の免除の特例（消法9⑦、12の2②、12の3③、37③）

次の①から③の期間中に調整対象固定資産を取得して原則課税で申告をした場合には、調整対象固定資産の仕入れ等を行った課税期間の初日から3年を経過する日の属する課税期間までの各課税期間については、原則課税の課税事業者として拘束されます。

---

①課税事業者を選択した場合の強制適用期間中

②資本金が1,000万円以上の新設法人の基準期間がない事業年度中

③特定新規設立法人の基準期間がない事業年度中

したがって、調整対象固定資産の仕入れ等の日の属する課税期間の初日から３年を経過する日の属する課税期間の初日以後でなければ、「課税事業者選択不適用届出書」又は「簡易課税制度選択届出書」を提出することができません。提出できない期間中に上記届出書を提出した場合には、これらの届出書の提出はなかったものとみなされます。

2 調整対象固定資産とは（消法２十六、消令５）

　調整対象固定資産とは、棚卸資産以外の資産で、建物及びその附属設備、構築物、機械及び装置、船舶、航空機、車両及び運搬具、工具、器具及び備品、鉱業権その他の資産で、一の取引単位の価額（税抜き）が100万円以上のものをいいます。

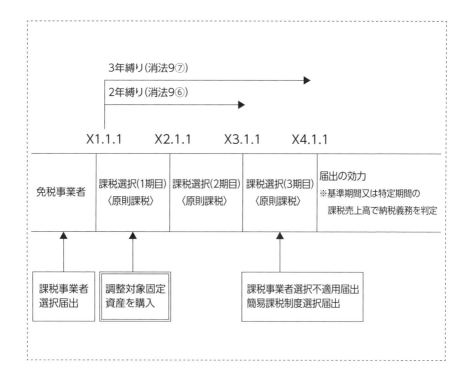

2 知っておくべき知識と留意点

事例のケースにおいて重要となる消費税法上の規定は次のとおりです。

■ 課税事業者となった 2 期目に調整対象固定資産を取得した場合

課税選択 2 期目に調整対象固定資産を取得した場合には、その 2 期目から納税義務の免除の特例の対象となります。したがって、課税選択 4 期目まで原則課税の課税事業者として拘束されます。

② 調整対象固定資産に係る仕入税額の調整

❶ 課税売上割合が著しく減少した場合の調整（消法 33）

課税事業者が調整対象固定資産の課税仕入れ等に係る消費税額について比例配分法により計算した場合において、その事業者が第 3 年度の課税期間（仕入等の課税期間開始の日から 3 年を経過する日の属する課税期間をいいます）の末日においてその調整対象固定資産を有しており、かつ、第 3 年度の課税期間における通算課税売上割合が仕入れ等の課税期間における課税売上割合に対して著しく減少したときは、次の金額を第 3 年度の課税期間の仕入控除税額から控除します。

> 調整対象基準税額[※1]×仕入課税期間の課税売上割合
> 　　　　－調整対象基準税額[※1]×通算課税売上割合[※2]

（※ 1）第 3 年度の課税期間の末日において有する調整対象固定資産の課税仕入れ等の消費税額

（※ 2）仕入れ等の課税期間から第 3 年度の課税期間までの各課税期間において適用されるべき課税売上割合を一定の方法で通算した割合

❷ 比例配分法により計算した場合

個別対応方式において「共通対応」について、課税売上割合を乗じて仕入控除税額を計算する方法又は一括比例配分方式により仕入控除税額を計算する方法をいいます。したがって、個別対応方式において

「課税対応」に区分された調整対象固定資産は上記調整の対象にはなりません。

❸ **著しく減少した場合**（消令53②）

次の①②のいずれの要件も満たした場合に調整が必要になります。

$$①変動率 = \frac{仕入れ等の課税期間における課税売上割合 - 通算課税売上割合}{仕入れ等の課税期間における課税売上割合} \geqq \frac{50}{100}$$

$$②変動差 = 仕入れ等の課税期間における課税売上割合 - 通算課税売上割合 \geqq \frac{5}{100}$$

3 起こりうる判断ミスと対応策

事例の場合、次のような判断ミスが想定されます。

届出書の提出がなかったものとみなされてしまった

---

❶ **起こりうる判断ミス**

X1年に課税事業者を選択してクリニック開業に係る調整対象固定資産に係る消費税の還付を受けたが、「調整対象固定資産を取得した場合の納税義務の免除の特例」を失念していたため、本来、提出することができないX2年中に誤って「課税事業者選択不適用届出書」を提出してしまった。このミスをX5年に所轄税務署に指摘されたため、上記不適用届出書の提出がなかったものとみなされてしまい、X3年とX4年の消費税を期限後申告することになってしまった。X4年分についてはX3年中に「課税事業者選択不適用届出書」を提出していれば免税事業者になれた。

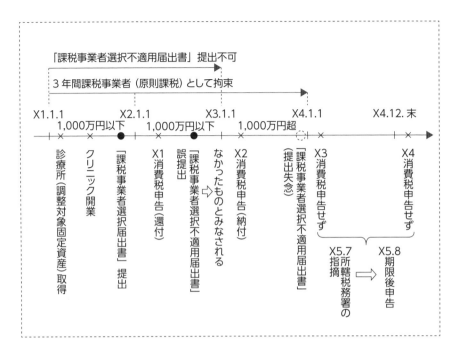

❷ ミスへの対応策

　上記 **1 1** のとおり、X2 年中に提出した「課税事業者選択不適用届出書」はなかったものとみなされます。上記特例を正しく理解し、X3 年中に「課税事業者選択不適用届出書」を提出していれば X4 年は免税事業者になれたことになります。

　届出書の提出ミスは、期中処理と違い、届出書自体をチェックすることで防げます。このケースも、「課税事業者選択不適用届出書」の提出時に、提出の可否について担当者以外の者がチェックすれば防げたものと思われます。事故の多くは改正の内容を正しく理解していなかったことにより起きています。主な税制改正項目についてはその内容を正しく理解しておきましょう。

❶ 次の①から③の期間中に調整対象固定資産を取得して原則課税で申告をした場合には、調整対象固定資産の仕入れ等を行った課税期間の初日から3年を経過する日の属する課税期間までの各課税期間については、原則課税の課税事業者として拘束されます。

---

①課税事業者を選択した場合の強制適用期間中

②資本金が1,000万円以上の新設法人の基準期間がない事業年度中

③特定新規設立法人の基準期間がない事業年度中

---

❷ 調整対象固定資産の仕入れ等の日の属する課税期間の初日から3年を経過する日の属する課税期間の初日以後でなければ、「課税事業者選択不適用届出書」又は「簡易課税制度選択届出書」を提出することができません。提出できない期間中に上記届出書を提出した場合には、これらの届出書の提出はなかったものとみなされます。

高額特定資産

 高額特定資産の課税売上割合が著しく変動した場合の調整計算

　不動産賃貸業を営む当社はもともと消費税の課税事業者です。テナント用賃貸建物（1,000 万円以上）を取得し、消費税の還付を受けようと思います。消費税法上気をつけることがあれば教えてください。

A　テナント用賃貸建物は高額特定資産に該当しますので、特例により 3 年間、原則課税の課税事業者として拘束されることになります。さらに、テナント用賃貸建物は調整対象固定資産にも該当しますので、その間に課税売上割合が著しく変動した場合には、「課税売上割合が著しく変動した場合の調整」が必要になる場合があります。

▶ 解説

1 高額特定資産の仕入れ等を行った場合

1 高額特定資産を取得した場合の納税義務の免除の特例（消法 12 の 4、37 ③）

　事業者が事業者免税点制度及び簡易課税制度の適用を受けない課税期間中に高額特定資産の仕入れ等を行った場合には、その高額特定資産の仕入れ等の日の属する課税期間の翌課税期間から、その高額特定資産の仕入れ等の日の属する課税期間の初日以後 3 年を経過する日の属する課税期間までの各課税期間においては、事業者免税点制度及び簡易課税制度の適用ができません。

2 高額特定資産

　高額特定資産とは、一の取引の単位につき、課税仕入れに係る支払対価の額（税抜き）が1,000万円以上の棚卸資産又は調整対象固定資産をいいます。

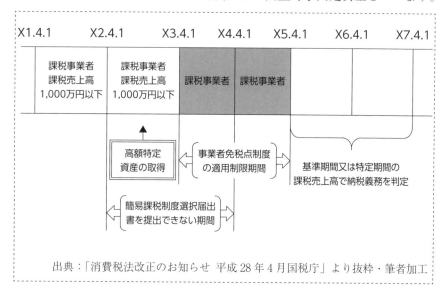

出典：「消費税法改正のお知らせ 平成28年4月国税庁」より抜粋・筆者加工

2 知っておくべき知識と留意点

　事例のケースにおいて重要となる消費税法上の規定は次のとおりです。

1 調整対象固定資産に係る仕入税額の調整

① 課税売上割合が著しく減少した場合の調整（消法33）

　　課税事業者が調整対象固定資産の課税仕入れ等に係る消費税額について比例配分法により計算した場合において、その事業者が第3年度の課税期間（仕入等の課税期間開始の日から3年を経過する日の属する課税期間をいいます）の末日においてその調整対象固定資産を有しており、かつ、第3年度の課税期間における通算課税売上割合が仕入れ等の課税期間における課税売上割合に対して著しく減少したときは、次の金額を第3年度の課税期間の仕入控除税額から控除します。

$$調整対象基準税額^{(※1)} \times 仕入課税期間の課税売上割合$$
$$- 調整対象基準税額^{(※1)} \times 通算課税売上割合^{(※2)}$$

（※1）第3年度の課税期間の末日において有する調整対象固定資産の課税仕入れ等の消費税額

（※2）仕入れ等の課税期間から第3年度の課税期間までの各課税期間において適用されるべき課税売上割合を一定の方法で通算した割合

❷ 比例配分法により計算した場合

　　個別対応方式において「共通対応」について、課税売上割合を乗じて仕入控除税額を計算する方法又は一括比例配分方式により仕入控除税額を計算する方法をいいます。したがって、個別対応方式において「課税対応」に区分された調整対象固定資産は上記調整の対象にはなりません。

❸ 著しく減少した場合（消令53②）

　　次の①②のいずれの要件も満たした場合に調整が必要になります。

$$①変動率 = \frac{仕入れ等の課税期間における課税売上割合 - 通算課税売上割合}{仕入れ等の課税期間における課税売上割合} \geqq \frac{50}{100}$$

$$②変動差 = 仕入れ等の課税期間における課税売上割合 - 通算課税売上割合 \geqq \frac{5}{100}$$

② 高額特定資産の取得等に係る課税事業者である旨の届出書（消法57①二の二）

　「高額特定資産を取得した場合の納税義務の免除の特例」の適用を受ける課税期間の基準期間における課税売上高が1,000万円以下となった場合には「高額特定資産の取得等に係る課税事業者である旨の届出書」を速やかに提出する必要があります。

3 起こりうる判断ミスと対応策

事例の場合、次のような判断ミスが想定されます。

> 仕入れ等の課税期間に一括比例配分方式で申告したため、第3年度
> に変動調整がかかってしまった

❶ 起こりうる判断ミス

　X1年にテナント用賃貸建物（高額特定資産）の取得をした際に、一括比例配分方式で申告しており、さらに、課税売上割合が著しく減少したため、X3年に「課税売上割合が著しく減少した場合の調整」の対象となってしまった。

❷ ミスへの対応策

　上記 ❷❶ のとおり、X1年に個別対応方式を選択していればテナント用賃貸建物の取得は「課税対応」に区分されたため、変動調整の対象にはなりませんでした。

　課税売上高5億円超又は課税売上割合が95%未満の場合には、個別対応方式と一括比例配分方式のいずれかを選択しなければならないことから、有利判定は毎期必ず行う必要がありますが、調整対象固定資産である高額特定資産を取得した場合には、原則課税の課税事業者として3年間拘束されることから、3年後の変動調整の有無も考慮して判定を行う必要があります。

4 ポイント

❶ 事業者が原則課税の課税期間中に高額特定資産の仕入れ等を行った場合には、3年間、原則課税の課税事業者として拘束されます。

❷ 調整対象固定資産に係る仕入税額の調整は課税仕入れ等に係る消費税額を比例配分法により計算した場合のみ対象になります。

自己建設高額特定資産

当社は自社で賃貸する目的で、テナントビルを自己建設しています。このたび、その建設のために要した原材料及び経費に係る課税仕入れ等の税抜価額の累計額が 1,000 万円以上になりました。完成時にはこれらに係る消費税の還付を受けようと思いますが、消費税法上気をつけることがあれば教えてください。

 テナントビルは自己建設高額特定資産に該当しますので、特例により、原価累計額が税抜で 1,000 万円以上となった日の属する課税期間の翌課税期間から原則課税の課税事業者として拘束されます。したがって工事期間が長いほど拘束期間が長くなります。

> 解説

1 自己建設高額特定資産の仕入れを行った場合

1 高額特定資産を取得した場合の納税義務の免除の特例（消法 12 の 4、37 ③）

事業者が事業者免税点制度及び簡易課税制度の適用を受けない課税期間中に、自己建設高額特定資産の建設等に要した仕入れ等の支払対価の額（事業者免税点制度及び簡易課税制度の適用を受けない課税期間において行った原材料費及び経費に係るものに限り、消費税に相当する額を除きます）の累計額が 1,000 万円以上となった日の属する課税期間の翌課税期間から、当該建設等が完了した日の属する課税期間の初日以後 3 年を経過する日の属する課税期間までの各課税期間においては、事業者免税点制度及び簡易課税制度の適用ができません。

2 自己建設高額特定資産

自己建設高額特定資産とは、他の者との契約に基づき、又はその事業者の棚卸資産若しくは調整対象固定資産として、自ら建設等をした高額特定資産をいいます。

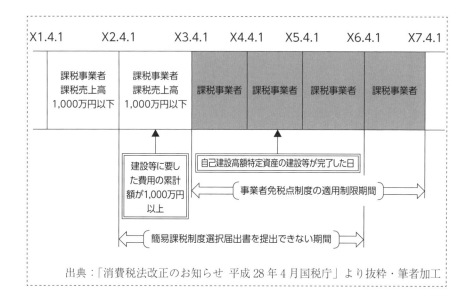

出典：「消費税法改正のお知らせ 平成 28 年 4 月国税庁」より抜粋・筆者加工

2 知っておくべき知識と留意点

事例のケースにおいて重要となる消費税法上の規定は次のとおりです。

1 居住用賃貸建物が自己建設高額特定資産である場合（消基通 11-7-4）

高額特定資産を取得した場合等の納税義務の免除の特例に規定する自己建設高額特定資産である居住用賃貸建物に係る仕入税額控除の制限の規定の適用は、仕入れに係る消費税額の控除の対象外となる居住用賃貸建物の範囲の規定により、高額特定資産の範囲等に規定する累計額が 1,000 万円以上となった課税期間以後のその建物に係る課税仕入れ等の税額について適用されることから、その課税期間の前課税期間以前に行われたその建物に係る課税仕入れ等の税額は、仕入税額控除の規定の適用があります。

3 起こりうる判断ミスと対応策

事例の場合、次のような判断ミスが想定されます。

自己建設のマンションに係る仕入税額控除の適用を失念していた

① 起こりうる判断ミス

　　住宅として賃貸する目的で、マンションを自己建設しているが、原価累計額は課税期間の末日において 1,000 万円に達していないため、仕入税額控除の対象となるにもかかわらず、これを計上しなかった。

② ミスへの対応策

　　上記 **2 1** のとおり、仕入れ等の支払対価の額の累計額が 1,000 万円未満の場合には仕入税額控除の規定の適用があります。このようなミスは居住用賃貸建物に係る課税仕入れ等は仕入税額控除ができないとの思い込みから発生します。なお、立証できれば更正の請求は認められると思われますので、所轄税務署に確認してみましょう。

4 ポイント

① 事業者が原則課税の課税期間中に自己建設高額特定資産の建設等に要した税抜き仕入れ等の支払対価の額の累計額が 1,000 万円以上となった日の属する課税期間の翌課税期間からその建設等が完了した日の属する課税期間から 3 年間は、原則課税の課税事業者として拘束されます。

② 居住用賃貸建物である自己建設高額特定資産の建設等に要した仕入れ等の支払対価の額の累計額が 1,000 万円未満の場合には、仕入税額控除の適用が受けられます。

Q41

高額特定資産である棚卸資産等について調整の適用を受けた場合

高額特定資産である棚卸資産等について「棚卸資産の調整措置」を受けた場合も3年縛りの対象になると聞きましたが、その内容を教えてください。

A　免税事業者が高額特定資産を取得しても仕入税額控除はできませんが、その高額特定資産が棚卸資産であり、翌期が課税事業者である場合には、「棚卸資産の調整措置」を受けることにより、仕入税額控除の適用が可能になり、かつ、3年縛りの対象にならないことから、制度の不備を補完するために、令和2年の改正により新たに対象に加わりました。

▶ **解説**

1 高額特定資産である棚卸資産等が調整措置の適用を受けた場合

1 **高額特定資産である棚卸資産等について調整の適用を受けた場合の納税義務の免除の特例の制限（消法12の4②、37③）**

事業者が、高額特定資産である棚卸資産等について、「棚卸資産の調整措置」の適用を受けた場合には、その適用を受けた課税期間の翌課税期間からその適用を受けた課税期間の初日以後3年を経過する日の属する課税期間までの各課税期間については、免税事業者になることができません。また、その3年を経過する日の属する課税期間の初日の前日までの期間は、「簡易課税制度選択届出書」を提出することができません。

なお、この規定は、調整対象自己建設高額資産(※)について、棚卸資産の調整措置の適用を受けた場合も同様です。

(※)調整対象自己建設高額資産とは、他の者との契約に基づき、又は事業者の棚卸資産として自ら建設等をした棚卸資産で、その建設等に要した課税仕

入れに係る支払対価の額の 110 分の 100 に相当する金額等の累計額が 1,000
万円以上となったものをいいます。

■調整対象自己建設高額資産以外の場合

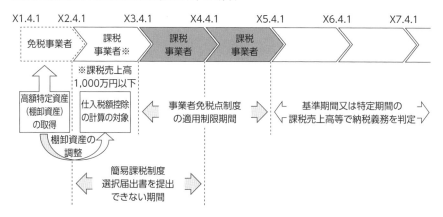

■調整対象自己建設高額資産の場合

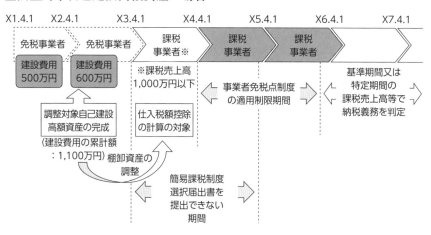

出典：「消費税法改正のお知らせ　令和 2 年 4 月国税庁」より抜粋・筆者加工

2 知っておくべき知識と留意点

事例のケースにおいて重要となる消費税法上の規定は次のとおりです。

❶ 免税事業者が課税事業者となった場合の棚卸資産に係る消費税額の調整（消法 36 ①）

免税事業者が課税事業者となった場合において、その課税事業者となった課税期間の初日の前日において、その免税期間中に国内において譲り受けた課税仕入れに係る棚卸資産等を有しているときは、当該課税仕入れに係る棚卸資産等をその課税事業者となった課税期間の仕入れに係る消費税額の計算の基礎となる課税仕入れ等の税額とみなします。

3 起こりうる判断ミスと対応策

事例の場合、次のような判断ミスが想定されます。

> 「棚卸資産の調整措置」を受けたため 3 年縛りの対象になると思い込み、原則課税で申告していた

❶ 起こりうる判断ミス

中古車販売業を営んでおり、一つの取引単位では税抜 1,000 万円未満の中古車（棚卸資産）であり、高額特定資産である棚卸資産に該当しないにもかかわらず、「棚卸資産の調整措置」を受けただけで 3 年縛りの対象になると思い込み、原則課税で申告していた。

❷ ミスへの対応策

上記 ❷ ❶ のとおり、上記特例は、あくまでも高額特定資産である棚卸資産等が調整措置の適用を受けた場合に適用になりますので、一台が税抜 1,000 万円未満の中古車が何台「棚卸資産の調整措置」を受けても、上記特例の適用を受けることはありません。

4 ポイント

❶ 高額特定資産である棚卸資産等が「棚卸資産の調整措置」の適用を受けた場合にも3年間、原則課税の課税事業者として拘束されます。

❷ 高額特定資産でない棚卸資産等が「棚卸資産の調整措置」の適用を受けた場合には3年縛りの適用はありません。

インボイス発行事業者以外の者から行った課税仕入れの取扱い

インボイス制度導入後は、インボイス発行事業者以外の者から行った課税仕入れは、原則として仕入税額控除の適用を受けることができません。

消費税の納税義務者である法人が、税抜経理を行っている場合、インボイス制度導入前は、課税仕入れに係る仮払消費税等の額として計上する金額は、標準税率の場合、支払対価の額に 110 分の 10 を乗じて算出した金額に相当する額とされていました。しかしながら、インボイス制度導入後は、課税仕入れに係る消費税額はないことになります。

そこで、法人税においては、消費税経理通達を改正し、法人がインボイス発行事業者以外の者からの課税仕入れについて仮払消費税等の額として経理した金額があっても、税務上はその仮払消費税等の額を取引の対価の額に算入して法人税の所得金額の計算を行うこととされました。なお、同様の改正は所得税においても行われています。

したがって、例えば、免税事業者から店舗用建物を取得し、その対価として 1,100 万円を支払った場合には、1,100 万円を建物の取得価額として所得金額を計算します。ただし、課税仕入れに係る経過措置（Q52 参照）の適用期間中はこれを考慮しますので、建物取得価額と仮払消費税等の額は次表のようになります。

〈免税事業者から店舗用建物 1,100 万円を取得した場合〉

経過措置期間等	みなす割合	建物取得価額	仮払消費税等
令和 5 年 10 月〜 令和 8 年 9 月	80%	1,020 万円	80 万円
令和 8 年 10 月〜 令和 11 年 9 月	50%	1,050 万円	50 万円

経理処理いかんによっては減価償却費の計算において申告調整が出てくる場合がありますので注意しましょう（Column 7（276 ページ）参照）。

第7章

近年の改正により
予想される判断ミス

1 軽減税率制度 （区分記載請求書等保存方式）

Q42 委託販売手数料

私は農業を営んでおり、収穫した野菜は全て農協で委託販売し、長年、手数料差引き後の入金金額を課税売上高として消費税を申告しています。軽減税率導入後も同様の申告をしていますが問題ないでしょうか。

軽減税率導入後は、委託販売手数料は軽減税率の対象にはなりませんので、いわゆる純額処理（委託売上高から委託販売手数料を控除した金額を課税売上高に計上する）はできません。

▶ 解説

1 軽減税率対象資産の委託販売は総額処理が必要

委託販売等を通じて受託者が行う飲食料品の譲渡は軽減税率の対象となりますが、受託者が行う委託販売等に係る役務の提供は、その取扱商品が飲食料品であっても軽減税率の対象にはなりません。したがって、適用税率が異なることになるため、純額処理はできません。

この場合、委託者は、受託者が委託商品を譲渡したことに伴い収受した金額を課税資産の譲渡等の対価の額（軽減税率8%）とし、受託者に支払う委託販売手数料を課税仕入れに係る支払対価の額（標準税率10%）とする、いわゆる総額処理により消費税を計算します。

2 知っておくべき知識と留意点

事例のケースにおいて重要となる消費税法上の規定は次のとおりです。

1 委託販売等に係る手数料（消基通10-1-12）

委託販売等に係る資産の譲渡等を行った場合の取扱いは、次によります。

①委託販売等に係る委託者については、受託者が委託商品を譲渡等したことに伴い収受した又は収受すべき金額が委託者における資産の譲渡等の金額となりますが、その課税期間中に行った委託販売等の全てについて、当該資産の譲渡等の金額から当該受託者に支払う委託販売手数料を控除した残額を委託者における資産の譲渡等の金額としているときは、これが認められます。

②委託販売等に係る受託者については、委託者から受ける委託販売手数料が役務の提供の対価となります。

なお、委託者から課税資産の譲渡等のみを行うことを委託されている場合の委託販売等に係る受託者については、委託された商品の譲渡等に伴い収受した又は収受すべき金額を課税資産の譲渡等の金額とし、委託者に支払う金額を課税仕入れに係る金額としても差し支えないものとされます。

2 軽減対象資産の譲渡等に係る委託販売手数料（軽減通達16）

委託販売等において、受託者が行う委託販売手数料等を対価とする役務の提供は、その委託販売等に係る課税資産の譲渡が軽減税率の適用対象となる場合であっても、標準税率の適用対象となります。

なお、その委託販売等に係る課税資産の譲渡が軽減税率の適用対象となる場合には、適用税率ごとに区分して、委託者及び受託者の課税資産の譲渡等の対価の額及び課税仕入れに係る支払対価の額の計算を行うこととなるため、純額処理は認められません。

3 起こりうる判断ミスと対応策

事例の場合、次のような判断ミスが想定されます。

委託販売につき、軽減税率導入後も純額処理をしていた

❶ 起こりうる判断ミス

　農協で野菜を委託販売しており、簡易課税を選択しているが消費税は委託当初から、純額処理（委託売上高から委託販売手数料を控除した金額を計上する）により第3種に計上して申告している。

❷ ミスへの対応策

　飲食料品などを委託販売する場合には、委託商品は軽減税率8％、委託販売手数料は10％のため、純額処理はできません。必ず総額処理を行いましょう。

　軽減税率制度導入後、簡易課税制度において、「農業」、「林業」、「漁業」のうち、軽減税率の対象となる飲食料品の譲渡に係る事業区分は第3種（みなし仕入率70％）から第2種事業（みなし仕入率80％）に変更になりました。これは食用の農林水産物を生産する農林水産業については、売上げに軽減税率が適用されるのに対し、種子や農薬など仕入れのほとんどが標準税率となるため、現行のみなし仕入率を維持すれば、仕入税額が過少に算出されてしまうからです。

4 ポイント

❶ 軽減税率対象資産の委託販売に純額処理（委託売上高から委託販売手数料を控除した金額を課税売上高に計上する）は適用できません。

❷ 簡易課税制度において、「農業」、「林業」、「漁業」のうち、軽減税率の対象となる飲食料品の譲渡は第3種（みなし仕入率70％）から第2種事業（みなし仕入率80％）に変更されました。

Q43 軽減税率が適用される課税資産の譲渡等

食用として販売されている重曹を購入し、事務所の清掃用と
して使用しています。重曹の購入は軽減税率の適用対象になり
ますか。

A 軽減税率の対象か否かは、売手が課税資産の譲渡等を行う時に
判定します。したがって、重曹を清掃用として使用した場合であっ
ても、売手が重曹を食用として販売している場合には、軽減税率
の対象になります。

解説

1 軽減税率の対象となる「飲食料品」（改正法附則 34 ①一、軽減通達 2）

　軽減税率の対象である「飲食料品」とは、食品表示法に規定する食品（酒
税法に規定する酒類を除きます。以下「食品」といいます）をいいます。食
品表示法に規定する「食品」とは、全ての飲食物をいい、「医薬品」、「医
薬部外品」及び「再生医療等製品」を除き、「添加物」を含みます。

　軽減税率が適用される取引か否かは、事業者が課税資産の譲渡等を行う
時点で判定します。

2 知っておくべき知識と留意点

　事例のケースにおいて重要となる消費税法上の規定は次のとおりです。

1 飲食料品の範囲の具体例（国税庁軽減税率制度 Q & A）

　軽減税率の対象である「飲食料品」とは、具体的には人の飲用又は食用
に供される以下のものをいい、医薬品、医薬部外品、再生医療等製品、及
び酒税法に規定する酒類を除きます。

① 米穀や野菜、果実などの農産物、食肉や生乳、食用鳥卵などの畜産物、魚類や貝類、海藻類などの水産物

② めん類・パン類、菓子類、調味料、飲料等、その他製造又は加工された食品

③ 添加物（食品衛生法に規定するもの）

④ 一体資産のうち、一定の要件を満たすもの

なお、次の課税資産の譲渡等は飲食料品の譲渡に含まれません。

外　　　食	食品衛生法施行令に規定する飲食店営業、喫茶店営業その他の飲食料品をその場で飲食させる事業を営む者が行う食事の提供
ケータリング	相手方の指定した場所において行う加熱、調理又は給仕等の役務を伴う飲食料品の提供

❷ 新聞の譲渡の範囲（改正法附則 34 ①二）

軽減税率の適用対象となる「新聞」とは、定期購読契約が締結された、週 2 回以上発行される、一定の題号を用い、政治、経済、社会、文化等に関する一般社会的事実を掲載するものをいいます。

❸ 軽減税率の判定時期（軽減通達 2）

軽減税率が適用される取引か否かの判定は、事業者が課税資産の譲渡等を行う時、すなわち、飲食料品を提供する時点（取引を行う時点）で行うことになります。したがって、飲食料品の譲渡の判定にあたっては、販売する事業者が、人の飲食用に供されるものとして譲渡した場合には、顧客がそれ以外の目的で購入、使用したとしても、その取引は「飲食料品の譲渡」に該当し、軽減税率の適用対象になります。

3　起こりうる判断ミスと対応策

軽減税率制度においては、他に次のような判断ミスが想定されます。

---

1 旧税率 8% に対して軽減税率 8% 欄で申告書を作成していた

2 電子版の新聞購読料を軽減税率の対象としていた

1　旧税率 8% に対して軽減税率 8% 欄で申告書を作成していた

① 起こりうる判断ミス

　　申告に係る課税期間に旧税率 8% 取引があるにもかかわらず軽減税率 8% 欄を使用して消費税額を計算していた。

② ミスへの対応策

　　旧税率も軽減税率も消費税と地方消費税を合わせて税率は同じ 8%ですが、その割合は次のように異なります。

適用開始日	令和元年 (2019 年) 9 月まで	令和元年 (2019 年) 10 月から	
税率区分	―	標準税率	軽減税率
消費税率	6.3%	7.8%	6.24%
地方消費税率	1.7%	2.2%	1.76%
合　計	8.0%	10.0%	8.0%

　　したがって、旧税率 8% と軽減税率 8% は区分して計算する必要があります。具体的には消費税申告書の付表 1-1、1-2、2-1、及び 2-2を使用します。

❷ 電子版の新聞購読料を軽減税率の対象としていた

❶ 起こりうる判断ミス

インターネットを通じて配信される電子版の新聞購読料も「新聞の譲渡の範囲」に該当していることから、軽減税率の対象としていた。

❷ ミスへの対応策

インターネットを通じて配信される電子版の新聞は、電気通信回線を介して行われる役務の提供である「電気通信利用役務の提供」に該当するため、軽減税率の対象となる「新聞の譲渡」には該当しません。

このようなミスを防ぐためには、国税庁のホームページに「消費税の軽減税率制度に関するQ＆A」が公表されていますので、判断に迷った際にはぜひ参考にしてください。

4 ポイント

❶ 軽減税率が適用される取引は、次の対象品目の譲渡です。

- 酒類を除く飲食料品（外食、ケータリングは除く）
- 定期購読契約により週2回以上発行される新聞

❷ 軽減税率が適用される取引か否かは、事業者が課税資産の譲渡等を行う時点で判定します。

2 インボイス制度 （適格請求書等保存方式）

Q44 免税事業者の登録

免税事業者がインボイス発行事業者の登録を受けたい場合にはどのようにすればよいですか。

A 原則として、「課税事業者選択届出書」を提出して、課税期間を単位として登録を申請する必要があります。ただし、令和 5 年 10 月 1 日から令和 11 年 9 月 30 日までの日の属する課税期間中に「適格請求書発行事業者の登録申請書」（以下この章において単に「登録申請書」といいます）を提出し、登録を受ける場合には、経過措置により、「課税事業者選択届出書」の提出は不要で、登録日からインボイス発行事業者になることができます。

▶ 解説

1 免税事業者の登録

① 登録申請書を提出することができる事業者（インボイス通達 2-1）

インボイス発行事業者の登録を受けることができるのは、課税事業者に限られます。ただし、登録を受けようとする課税期間において課税事業者となるとき（基準期間の課税売上高が 1,000 万円超である場合や「課税事業者選択届出書」を提出している場合）は、登録申請書を提出することができます。免税事業者が課税事業者となる課税期間の初日から登録を受けようとするときは、原則として、その課税期間の初日から起算して 15 日前の日までに登録申請書を提出しなければなりません。

② 登録に関する経過措置（インボイス通達 5-1）

免税事業者が令和 5 年 10 月 1 日から令和 11 年 9 月 30 日までの日の属

する課税期間中に登録申請書を提出し、登録を受けることとなった場合には、登録日から課税事業者となる経過措置が設けられています。なお、登録申請書にその提出する日から 15 日を経過する日以後の登録希望日を記載し、登録希望日後に登録がされたときは、その登録希望日に登録されたものとみなされます。この経過措置の適用を受ける場合には、登録日から課税事業者となるため、「課税事業者選択届出書」を提出する必要はありません。この経過措置の適用を受けてインボイス発行事業者の登録を受けた場合には、基準期間の課税売上高にかかわらず、登録日から課税期間の末日までの期間について、消費税の申告が必要になります。

❸ 経過措置と 2 年縛り（平成 28 年改正法附則 44 ⑤）

経過措置の適用を受けて令和 5 年 10 月 1 日を含む課税期間にインボイス発行事業者になった場合には、いわゆる 2 年縛り（2 年間は課税事業者として拘束される）の適用はありません。しかし、令和 5 年 10 月 1 日を含まない課税期間に経過措置の適用を受けてインボイス発行事業者になった場合には 2 年縛りの適用があります。

❹ 簡易課税制度選択届出書提出期限の特例（平成 30 年改正令附則 18）

経過措置の適用を受ける事業者が、登録日の属する課税期間中にその課税期間から簡易課税制度の適用を受ける旨を記載した「簡易課税制度選択届出書」を提出した場合には、その課税期間の初日の前日に「簡易課税制度選択届出書」を提出したものとみなされます。したがって、課税事業者となった最初の課税期間から、簡易課税制度の適用を受けることができます。

❺ 課税事業者の課税期間の中途での登録

課税事業者は、課税期間の中途であっても、登録申請書を提出すれば、インボイス発行事業者の登録を受けることができます。登録申請書を提出して登録を受けた場合、登録の効力は、登録日から発生します。

2 知っておくべき知識と留意点

　免税事業者が登録を受ける場合の登録日による相違点をまとめると次のようになります。

登録日	中途登録	課税事業者選択届出書	2年縛り	簡易課税選択届出特例
① 令和 5 年 10 月 1 日を含む課税期間	可	不要	無	有
② ①後令和11年9月30日を含む課税期間	可	不要	有	有
③ 令和 11 年 10 月 1 日以後の課税期間	不可	必要	有	無

3 起こりうる判断ミスと対応策

　事例の場合、次のような判断ミスが想定されます。

> **1**「課税事業者選択届出書」を誤って提出してしまった
> **2** 2 年縛りの適用はないものと誤認していた
> **3**「簡易課税制度選択届出書」の提出を失念してしまった

1「課税事業者選択届出書」を誤って提出してしまった

❶ 起こりうる判断ミス

　　経過措置により「課税事業者選択届出書」の提出が不要であったにもかかわらず、「課税事業者選択届出書」を提出してしまった。

❷ ミスへの対応策

　　上記 **1 2** のとおり、免税事業者が経過措置期間中（令和 5 年 10 月

1日から令和11年9月30日まで)に登録を受けることとなった場合には、「課税事業者選択届出書」を提出する必要はありません。「取下げ書」の提出が必要かどうかを所轄税務署に確認しましょう。

② 2年縛りの適用はないものと誤認していた

❶ 起こりうる判断ミス

登録日が令和5年10月1日を含まない経過措置期間中であったにもかかわらず、2年縛りの適用はないものと思い込み、2期目の消費税申告書を提出しなかった。

❷ ミスへの対応策

そもそもインボイス発行業者の登録を受けた場合には、事業者免税点制度の適用はありません。早急に期限後申告書を提出しましょう。

③ 「簡易課税制度選択届出書」の提出を失念してしまった

❶ 起こりうる判断ミス

登録日が経過措置期間中であったため、登録日の属する課税期間中に所定の事項を記載した「簡易課税制度選択届出書」を提出すれば、課税事業者となった最初の課税期間から簡易課税を適用できたにもかかわらず、提出を失念してしまった。

❷ ミスへの対応策

上記 ❶ ❹ のとおり、登録日の属する課税期間中にその課税期間から簡易課税制度の適用を受ける旨を記載した「簡易課税制度選択届出書」を提出すれば、適用は受けられました。

なお、本事例の場合には、気づいた時点で「課税期間特例選択届出書」を提出して課税期間を区切り、翌課税期間からの「簡易課税制度選択届出書」を提出すれば、不利な原則課税での期間を短くすることができます（**Q5** 参照）。

4 ポイント

❶ 免税事業者が経過措置期間中（令和 5 年 10 月 1 日から令和 11 年 9 月 30 日まで）に登録申請書を提出し、登録を受けることとなった場合には、登録日から課税事業者となるため、「課税事業者選択届出書」を提出する必要はありません。

❷ 免税事業者が令和 5 年 10 月 1 日を含まない経過措置期間中に登録申請書を提出し、登録を受けることとなった場合には、いわゆる 2 年縛りの適用があります。

❸ 免税事業者が経過措置期間中に登録申請書を提出し、登録を受けることとなった場合に、一定の事項を記載した「簡易課税制度選択届出書」を提出すれば、課税事業者となった最初の課税期間から、簡易課税制度の適用を受けることができます。

Q45 新設法人等の登録

新たに設立した法人が設立初年度からインボイス発行事業者
になることはできますか。個人事業者の場合はどうでしょうか。

A　どちらも、事業を開始した日の属する課税期間の末日までに、
その旨を記載した登録申請書を提出すればインボイス発行事業者
になることができます。

▶ 解説 ▶

1 新設法人等の登録

① 新たに事業を開始した場合の登録時期の特例（消令70の4）

　新たに事業を開始した事業者が、その事業を開始した日の属する課税期
間の初日からインボイス発行事業者の登録を受けようとする場合には、そ
の旨を記載した登録申請書をその課税期間の末日までに提出し、税務署長
の登録を受けたときは、その課税期間の初日から登録を受けたものとみな
されます。

② 課税事業者である法人

　新たに設立された法人が課税事業者の場合には、事業を開始した課税期
間の末日までに、事業を開始した日の属する課税期間の初日から登録を受
けようとする旨を記載した登録申請書を提出すれば、上記 ① の適用を受
けることができます。

③ 免税事業者である法人

　新たに設立された法人が免税事業者である場合には、事業を開始した課
税期間の末日までに、上記 ② の登録申請書に加え、「課税事業者選択届出
書」を提出すれば、上記 ① の特例の適用を受けることができます。

④ 個人事業者の場合

　新たに事業を開始したのが個人事業者である場合には、上記 ③ と同様、

登録申請書に加え、「課税事業者選択届出書」を提出すれば、上記 **1** の特例の適用を受けることができます。

5 免税事業者の登録に関する経過措置（インボイス通達 5-1）

　免税事業者が令和5年10月1日から令和11年9月30日までの日の属する課税期間中に登録を受けることとなった場合には、登録日から課税事業者となる経過措置が設けられています。この経過措置の適用を受ける場合には、登録日から課税事業者となるため、「課税事業者選択届出書」を提出する必要はありません。

2 知っておくべき知識と留意点

　新設法人等が登録を受ける場合の相違点は次のとおりです。

新設法人等	課税事業者選択届出書		登録申請書
	経過措置期間(※)内	経過措置期間後	
法人（課税事業者）	不要	不要	必要
法人（免税事業者）	不要	必要	必要
個人（免税事業者）	不要	必要	必要

（※）令和5年10月1日から令和11年9月30日までの日の属する課税期間

3 起こりうる判断ミスと対応策

事例の場合、次のような判断ミスが想定されます。

「課税事業者選択届出書」の提出を失念してしまった

❶ 起こりうる判断ミス

　経過措置期間経過後に設立した法人（免税事業者）であるため、設立時の設備投資に係る消費税の還付を受けるためには、「課税事業者選択届出書」を提出しなければならないところ、登録申請書だけしか提出していなかった。

❷ ミスへの対応策

　上記 1 3 のとおり、経過措置期間経過後、免税事業者が還付を受けたい場合には、必ず「課税事業者選択届出書」の提出が必要です。提出を失念した場合、還付はできません。設備投資額が大きい場合には、還付不可額も大きくなりますので、届出書の提出には細心の注意を払いましょう。

4 ポイント

　新たに事業を開始した免税事業者が経過措置期間経過後にその事業を開始した日の初日からインボイス発行事業者の登録を受けようとする場合には、その課税期間の末日までに、その旨を記載した登録申請書とともに「課税事業者選択届出書」を提出しなければなりません。

登録の取りやめ等

　インボイス発行事業者の登録を取りやめたい場合にはどうすればよいですか。また、登録後に登録内容や公表事項に変更があった（変更したい）場合の手続きも併せて教えてください。

　納税地を所轄する税務署長に所定の届出書（下記解説 **1 3** 参照）を提出すれば登録の取りやめや登録内容の変更ができます。

> 解説

1 登録の取りやめ等

1 インボイス発行事業者における事業者免税点制度の適用関係（インボイス通達 2-5）

　インボイス発行事業者には事業者免税点制度は適用されません。したがって、基準期間及び特定期間における課税売上高が 1,000 万円以下になっても、インボイス発行事業者である限り、免税事業者になることはできません。免税事業者になるためには、事前に「適格請求書発行事業者の登録の取消しを求める旨の届出書」（以下「登録取消届出書」といいます）を提出する必要があります。なお、課税事業者を選択している場合には、「登録取消届出書」の他に「課税事業者選択不適用届出書」を提出しなければ免税事業者になることはできません。

2 「登録取消届出書」の効力（消法 57 の 2 ⑩）

　インボイス発行事業者は、納税地を所轄する税務署長に「登録取消届出書」を提出することにより、インボイス発行事業者の登録の効力を失わせることができます。この場合、原則として、「登録取消届出書」の提出があった日の属する課税期間の翌課税期間の初日に登録の効力が失われることとなります。ただし、「登録取消届出書」を、その提出のあった日の属する

課税期間の末日から起算して 14 日前の日から、その課税期間の末日までの間に提出した場合は、その提出があった日の属する課税期間の翌々課税期間の初日に登録の効力が失われます。

登録取消届出書の提出日	登録失効日
その翌課税期間の初日から 15 日前の日	翌課税期間の初日
その翌課税期間の初日から 14 日前の日から課税期間の末日まで	翌々課税期間の初日

③ 登録内容等の変更

　登録後に登録内容に変更等があった場合には、内容に応じ、以下の届出書を納税地の所轄税務署長に提出する必要があります。

届出書	変更内容等
適格請求書発行事業者の登録の取消しを求める旨の届出書	登録の取りやめ
適格請求書発行事業者登録簿の登載事項変更届出書	氏名又は名称、法人の所在地等に変更があった場合
適格請求書発行事業者の公表事項の公表（変更）申出書	公表事項に変更があった場合
適格請求書発行事業者の死亡届出書	インボイス発行事業者が死亡した場合
合併による法人の消滅届出書	法人が合併により消滅した場合
事業廃止届出書	事業を廃止した場合

2 知っておくべき知識と留意点

インボイス発行事業者が免税事業者になるためには次の届出書の提出が必要です。

課税事業者の選択	①登録取消届出書	②課税事業者選択不適用届出書	事業者免税点制度の適用開始課税期間
有	必要	必要	①②両方の届出書の効力開始日以降
無	必要	不要	基準期間及び特定期間における課税売上高が1,000万円以下

3 起こりうる判断ミスと対応策

事例の場合、次のような判断ミスが想定されます。

1 インボイス発行事業者であるにもかかわらず、免税事業者と誤認してしまった

2 免税事業者になるため、「課税事業者選択不適用届出書」は提出したが、「登録取消届出書」の提出を失念してしまった

3 免税事業者になるため、「登録取消届出書」は提出したが、「課税事業者選択不適用届出書」の提出を失念してしまった

4 「登録取消届出書」の提出期限を徒過してしまった

1 インボイス発行事業者であるにもかかわらず、免税事業者と誤認して
しまった

❶ 起こりうる判断ミス

インボイス発行事業者であるにもかかわらず、基準期間及び特定期
間における課税売上高が 1,000 万円以下となったため、免税事業者で
あると思い込み申告をしなかった。

❷ ミスへの対応策

上記**1 1**のとおり、インボイス発行事業者である限り、免税事業
者になることはできません。免税事業者になるためには、事前に「登
録取消届出書」を提出する必要があります。期限内申告を行わなかっ
た場合には期限後申告が必要です。

2 免税事業者になるため、「課税事業者選択不適用届出書」は提出したが、
「登録取消届出書」の提出を失念してしまった

❶ 起こりうる判断ミス

過去に「課税事業者選択届出書」を提出していたため、「課税事業
者選択不適用届出書」は提出したが、「登録取消届出書」の提出を失
念したため、翌期が課税事業者になってしまった。

❷ ミスへの対応策

上記**1 1**のとおり、「登録取消届出書」を提出しなければ免税事
業者になることはできません。なお、気づいた時点で「課税期間特例
選択届出書」を提出して課税期間を区切り、翌課税期間からの「登録
取消届出書」を期限（翌課税期間の初日から 15 日前の日）までに提出
すれば、課税事業者としての期間を短くすることができます（**Q4**参
照）。

3 免税事業者になるため、「登録取消届出書」は提出したが、「課税事業者選択不適用届出書」の提出を失念してしまった

① 起こりうる判断ミス

　「登録取消届出書」は提出したが、「課税事業者選択不適用届出書」の提出を失念したため、翌期が課税事業者になってしまった。

② ミスへの対応策

　上記 **1 1** のとおり、「課税事業者選択不適用届出書」を提出しなければ免税事業者になることはできません。なお、気づいた時点で「課税期間特例選択届出書」を提出して課税期間を区切り、翌課税期間からの「課税事業者選択不適用届出書」を提出すれば、課税事業者としての期間を短くすることができます（**Q4** 参照）。

4 「登録取消届出書」の提出期限を徒過してしまった

① 起こりうる判断ミス

　3月決算法人であり、課税事業者は選択しておらず、基準期間及び特定期間における課税売上高が1,000万円以下となったため、翌期に免税事業者になるためには、3月17日までに「登録取消届出書」を提出すべきところ、3月17日が土曜日であったことから提出が3月19日になり、翌期が課税事業者になってしまった。

② ミスへの対応策

　上記 **1 2** のとおり、翌期に免税事業者になるためには翌課税期間の初日から15日前の日までに「登録取消届出書」を提出しなければなりません。課税期間の末日が3月31日の場合、15日前の日は3月17日です。「登録取消届出書」は具体的な提出期限がないことから提出期限が休日等の場合であっても期限は翌日に延長されません（**Q1** 参照）。

　なお、上記 **2** と同様、気づいた時点で「課税期間特例選択届出書」を提出して課税期間を区切り、翌課税期間からの「登録取消届出書」

を期限（翌課税期間の初日から15日前の日）までに提出すれば、課税事業者としての期間を短くすることができます（**Q4** 参照）。

4 ポイント

❶ インボイス発行事業者には事業者免税点制度の適用はありません。

❷ 免税事業者になるためには、翌課税期間の初日から15日前の日までに「登録取消届出書」を提出しなければなりません。

❸ 課税事業者を選択していた場合には❷に加え「課税事業者選択不適用届出書」を原則としてその適用を受けようとする課税期間の初日の前日までに提出しなければなりません。

相続により事業を承継した場合

インボイス発行事業者である父が亡くなり事業を承継しました。私は新たに登録申請書を提出する必要がありますか。

相続により事業を承継したあなたがインボイス発行事業者の登録を受けたい場合には、新たに登録申請書を提出する必要があります。ただし、あなたが既にインボイス発行事業者である場合にはその必要はありません。

▶ 解説

1 相続により事業を承継した場合

1 「適格請求書発行事業者の死亡届出書」

相続人は「適格請求書発行事業者の死亡届出書」（以下「発行事業者の死亡届出書」といいます）を提出する必要があります。被相続人の登録の効力は、届出書の提出日の翌日又は死亡した日の翌日から4か月を経過した日のいずれか早い日に失われます。ただし、以下の 3 のみなす措置の適用がある場合には、その措置の適用がある期間は被相続人のインボイス番号を使用できます。

2 相続人の登録申請書の提出

相続により事業を承継した相続人が、インボイス発行事業者の登録を受けるためには、新たに登録申請書の提出が必要になります。ただし、相続人が既に登録を受けている場合はその必要はありません。

3 相続人をインボイス発行事業者とみなす措置

登録申請書の提出から登録通知を受けるまでには、その審査等に一定の期間を要するため、相続のあった日の翌日から、その相続人がインボイス発行事業者の登録を受けた日の前日又はその相続に係るインボイス発行事業者が死亡した日の翌日から4か月を経過する日のいずれか早い日までの

195

期間については、相続人をインボイス発行事業者とみなす措置が設けられており、この場合、被相続人のインボイス番号を相続人の番号とみなすこととされています。したがって、インボイス発行事業者としてのブランクを無くすためには、相続人は遅くとも、相続開始後4か月以内に登録を受ける必要があります。

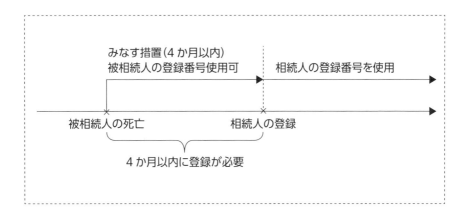

2 知っておくべき知識と留意点

事例のケースにおいて重要となる消費税法上の規定は次のとおりです。

1 相続があった場合の納税義務と登録申請

相続があった場合、納税義務の判定は相続開始年分は相続人又は被相続人のいずれかの基準期間の課税売上高により、相続開始年の翌年及び翌々年分は相続人と被相続人の基準期間の課税売上高の合計により行います（**Q16** 参照）。

インボイス制度開始前は、上記に従って納税義務の有無を判定すれば十分でした。しかし、インボイス制度開始後は、たとえ上記判定により免税事業者になったとしても、売上先がインボイスを必要としていれば、課税事業者を選択してインボイス発行事業者にならざるを得ない場合も想定さ

れます。被相続人がインボイス発行事業者であった場合には、その点も考慮して登録申請を検討しましょう（**Q44** 参照）。

3 起こりうる判断ミスと対応策

事例の場合、次のような判断ミスが想定されます。

> **1** 被相続人のインボイス番号を使用していた
> **2** 相続人の登録申請が遅れた

1 被相続人のインボイス番号を使用していた

❶ 起こりうる判断ミス

　被相続人の死亡後、「発行事業者の死亡届出書」を提出しないまま、被相続人のインボイス番号を継続使用していた。

❷ ミスへの対応策

　被相続人の登録の効力は何もしないと4か月で失効します。早急に「発行事業者の死亡届出書」と相続人の登録申請書を提出しましょう。

2 相続人の登録申請が遅れた

❶ 起こりうる判断ミス

　相続税申告に気を取られ、相続人の登録申請書の提出が遅れたためインボイス番号のない空白期間が発生してしまった。

❷ ミスへの対応策

　上記 **1 3** のとおり、インボイス発行事業者としてのブランクを無くすためには、相続人は遅くとも、相続開始後4か月以内に登録を受ける必要があります。インボイス番号のない空白期間が発生してしまうと、その間、仕入税額控除ができなくなりますので、売上先に事情を説明し、善後策を講じましょう。

4 ポイント

❶ 被相続人の登録の効力は何もしないと4か月で失効します。

❷ 事業を承継した相続人が発行事業者でない場合、相続開始後4か月以内に登録を受けないと発行事業者でない空白期間が発生します。

インボイス発行事業者の義務

インボイス発行事業者はどのような場合にインボイスの交付義務が課されるのでしょうか。

 インボイス発行事業者が、国内において課税資産の譲渡等を行った場合に、相手方（課税事業者に限ります）からインボイスの交付を求められたときはインボイスを交付する義務があります。

▶ **解説**

1 インボイス発行事業者の義務

1 インボイスの交付義務（消法57の4①）

　インボイス発行事業者には、国内において課税資産の譲渡等を行った場合に、相手方（課税事業者に限ります）からの求めに応じてインボイスを交付する義務が課されています。なお、インボイス発行事業者は、インボイスの交付に代えて、インボイスに係る電磁的記録を提供することができます。ただし、次の取引は、インボイス発行事業者が行う事業の性質上、インボイスを交付することが困難なため、インボイスの交付義務が免除されます。なお、免税取引、非課税取引及び不課税取引のみを行った場合については、インボイスの交付義務は課されません。

①3万円未満の公共交通機関（船舶、バス又は鉄道）による旅客の運送

②出荷者が卸売市場において行う生鮮食料品等の販売（出荷者から委託を受けた受託者が卸売の業務として行うものに限ります）

③生産者が農業協同組合、漁業協同組合又は森林組合等に委託して行う農林水産物の販売（無条件委託方式かつ共同計算方式により生産者を特定せずに行うものに限ります）

④3万円未満の自動販売機及び自動サービス機により行われる商品の販売等

199

⑤郵便切手類のみを対価とする郵便・貨物サービス（郵便ポストに差し出
　されたものに限ります）

2 インボイスの様式（消法57の4①）

　インボイスの様式は、法令等で定められていません。インボイスとして
必要な以下の事項が記載された書類（請求書、納品書、領収書、レシート等）
であれば、その名称を問わず、インボイスに該当します。したがって、手
書きの領収書であっても、インボイスとして必要な次の事項が記載されて
いれば、インボイスに該当します。

①インボイス発行事業者の氏名又は名称及び登録番号
②課税資産の譲渡等を行った年月日
③課税資産の譲渡等に係る資産又は役務の内容
　（課税資産の譲渡等が軽減対象資産の譲渡等である場合にはその旨）
④課税資産の譲渡等の税抜価額又は税込価額を税率ごとに区分して合計し
　た金額及び適用税率
⑤税率ごとに区分した消費税額等
⑥書類の交付を受ける事業者の氏名又は名称

3 返還インボイスの交付義務（消法57の4③）

　インボイス発行事業者には、課税事業者に返品や値引き等の売上げに係
る対価の返還等を行う場合、返還インボイスの交付義務が課されています。
ただし、 2 において適格請求書の交付義務が免除される①〜⑤の取引に
ついては、返還インボイスの交付義務も免除されます。

　なお令和5年の税制改正により税込金額が1万円未満の返還インボイス
の交付は不要となりました（Q56 参照）。

4 簡易インボイスの交付ができる事業（消法57の4②）

インボイス発行事業者が、不特定かつ多数の者に課税資産の譲渡等を行う次の事業を行う場合には、インボイスに代えて、インボイスの記載事項を簡易なものとした簡易インボイスを交付することができます。なお、簡易インボイスについても、その交付に代えて、その記載事項に係る電磁的記録を提供することができます。

①小売業

②飲食店業

③写真業

④旅行業

⑤タクシー業

⑥駐車場業（不特定かつ多数の者に対するものに限ります）

⑦その他これらの事業に準ずる事業で不特定かつ多数の者に資産の譲渡等を行う事業

5 インボイスの記載事項に誤りがあった場合（消法57の4④⑤）

売手であるインボイス発行事業者は、交付したインボイス、簡易インボイス又は返還インボイス（電磁的記録により提供を行った場合も含みます）の記載事項に誤りがあったときには、原則として買手である課税事業者に対して、修正したインボイス、簡易インボイス又は返還インボイスを交付しなければなりません。

6 インボイスの保存義務（消法57の4⑥）

インボイス発行事業者には、交付したインボイスの写し及び提供したインボイスに係る電磁的記録の保存義務があります。この場合の「写し」とは、交付した書類そのものを複写したものに限らず、その記載事項が確認できる程度の記載がされているものもこれに含まれます。したがって、簡易インボイスに係るレジのジャーナル、複数のインボイスの記載事項に係

る一覧表や明細表などの保存があれば足りることとなります。

7 インボイスの保存期間（消令 70 の 13 ①）

インボイスの写しや電磁的記録については、交付した日又は提供した日の属する課税期間の末日の翌日から 2 か月を経過した日から 7 年間、納税地又はその取引に係る事務所、事業所その他これらに準ずるものの所在地に保存しなければなりません。

8 電子インボイスを提供した場合の保存（消規 26 の 8 ①）

電子インボイスを提供した場合には、データのまま、又は、紙に印刷して保存することができます。電子インボイスをデータのまま保存する場合には、電子帳簿保存法に定められた要件に準じて保存しなければなりません。

2 知っておくべき知識と留意点

上記事例において気を付けたい消費税法上の規定は次のとおりです。

1 自動販売機等により行われる課税資産の譲渡等の範囲（インボイス通達 3-11）

インボイスの交付義務が課されない自動販売機及び自動サービス機により行われる商品の販売等とは、代金の収受が自動で行われる機械装置であって、その機械装置のみにより商品の販売等が完結するものをいい、例えば、飲食料品の自動販売機のほか、コインロッカーやコインランドリー等が該当します。したがって、小売店内に設置されたセルフレジなどのように単に代金の精算のみを行うものは、これに該当しません。

2 共有物の譲渡等（インボイス通達 3-5）

インボイス発行事業者が、インボイス発行事業者以外の者と共同で所有する資産の譲渡又は貸付けを行う場合には、その共有物に係る資産の譲渡等の金額を所有者ごとに合理的に区分し、インボイス発行事業者の所有割合に応じた部分についてのみインボイスを作成し、交付しなければなりません。

3 起こりうる判断ミスと対応策

事例の場合、次のような判断ミスが想定されます。

> **共有物の貸付けにつき1人の発行事業者が全額分のインボイスを発行していた**

❶ 起こりうる判断ミス

　父から相続取得した三者共有（母：2分の1、私：4分の1、弟：4分の1）のテナントビルの家賃収入につき、母だけが課税事業者であったため、母のみインボイス発行事業者になり、各テナントに対し、家賃全額分のインボイスを発行していた。

❷ ミスへの対応策

　上記❷❷のとおり、発行事業者の所有割合に応じた2分の1部分のインボイスしか発行できません。したがってテナントに修正インボイスを交付するとともに、事情を説明して善後策を講じましょう。

4 ポイント

❶ インボイス発行事業者は、国内において課税資産の譲渡等を行った場合には、相手方（課税事業者に限ります）にインボイスを交付する義務があります。

❷ インボイス発行事業者以外の者と共同で所有する資産の譲渡又は貸付けを行う場合には、インボイス発行事業者の所有割合に応じた部分についてのみインボイスを交付することができます。

Q49 委託販売における代理交付と媒介者交付特例

委託販売を行う場合、委託者に代わって受託者のインボイスを交付できる特例が設けられているそうですが、その特例の内容を教えてください。

委託販売では、受託者が委託者を代理してインボイスを交付する代理交付と、一定の要件を満たした場合、委託者に代わって受託者のインボイスを交付できる媒介者交付特例が設けられています。

解説

1 委託販売における代理交付と媒介者交付特例

■ 委託販売におけるインボイスの代理交付

インボイス発行事業者には、課税資産の譲渡等を行った場合、課税事業者からのインボイスの交付の求めに応じてインボイスの交付義務が課されています。委託販売の場合、買手に対して課税資産の譲渡等を行っているのは委託者ですので、本来、委託者が買手に対してインボイスを交付しなければなりません。しかし、委託者は通常、買手と接触する機会がありませんので、受託者が委託者を代理して委託者の氏名又は名称及び登録番号を記載した委託者のインボイスを買手に交付することも認められています。

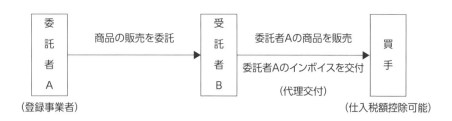

❷ 委託販売における媒介者交付特例

　受託者が複数の委託者の商品を一括して販売する等、代理交付が難しい場合には、以下の①及び②の要件を満たすことにより、媒介又は取次ぎを行う者である受託者が、委託者の課税資産の譲渡等について、受託者の氏名又は名称及び登録番号を記載したインボイス又はインボイスに係る電磁的記録を、委託者に代わって、買手に交付し、又は提供することができます。

---

①委託者及び受託者が適格請求書発行事業者であること

②委託者が受託者に、自己が適格請求書発行事業者の登録を受けている旨を取引前までに通知していること

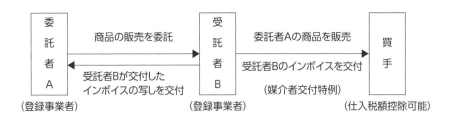

この場合、委託者と受託者は以下の対応が必要になります。

委託者	受託者
①自己がインボイス発行事業者でなくなった場合、その旨を速やかに受託者に通知する ②受託者から交付されたインボイスの写しを保存する	①交付したインボイスの写し又は提供した電磁的記録を保存する ②交付したインボイスの写し又は提供した電磁的記録を速やかに委託者に交付又は提供する

2 知っておくべき知識と留意点

上記事例において気を付けたい消費税法上の規定は次のとおりです。

1 事務処理や集金代行だけでも適用できる

媒介者交付特例は、物の販売などを委託し、受託者が買手に商品を販売しているような取引だけではなく、請求書の発行事務や集金事務といった商品の販売等に付随する行為のみを委託しているような場合も対象となります。

したがって、例えば、委託販売における媒介者交付特例の要件を満たしていれば、不動産管理会社（受託者）が、賃借人から家賃を集金代行する際に、賃借人に対し、賃貸人（委託者）に代わり、不動産管理会社の名称及び登録番号を記載したインボイスを発行することができます。

2 委託者に交付するインボイスの写し（インボイス通達3-8）

委託者に交付するインボイスの写しは、インボイスの写しと相互の関連が明確な、精算書等の書類等を交付することで差し支えありませんが、この場合には、交付したその精算書等の写しを保存する必要があります。なお、精算書等の書類等には、インボイスの記載事項のうち、「課税資産の譲渡等の税抜価額又は税込価額を税率ごとに区分して合計した金額及び適用税率」や「税率ごとに区分した消費税額等」など、委託者の売上税額の計算に必要な一定事項を記載する必要があります。

3 起こりうる判断ミスと対応策

事例の場合、次のような判断ミスが想定されます。

> 物販を伴わない委託行為だけであったため、媒介者交付特例は適用できないと思い、代理交付を行っていた

❶ 起こりうる判断ミス

　物の販売などについての委託ではなく、請求書の発行や集金代行のみの委託であったため、媒介者交付特例の適用はできないものと思い、委託者のインボイスを代理交付していた。

❷ ミスへの対応策

　上記 ❷❶ のとおり、事務処理や集金代行のみの委託であっても媒介者交付特例の要件を満たしていれば、媒介者交付特例は適用できます。

4 ポイント

❶ 委託販売には受託者が委託者を代理して委託者のインボイスを交付する代理交付が認められています。

❷ 委託販売には、一定の要件を満たした場合には、受託者のインボイスを交付する媒介者交付特例も認められています。

❸ 媒介者交付特例は一定の要件を満たしていれば物の販売を伴わない委託行為にも認められます。

Q50 インボイスの記載事項と記載例

インボイスの記載事項を教えてください。また、小売業などは、記載事項を簡易なものとした簡易インボイスを交付することができるそうですが、その違いについても教えてください。

A インボイスには今までの区分記載請求書等に必要とされる記載事項に加え、「登録番号」、「適用税率」、「消費税額等」の記載が必要となります。

また、インボイス発行事業者が、小売業など不特定かつ多数の者に課税資産の譲渡等を行う一定の事業を行う場合には、一部記載事項を省略できる簡易インボイスを交付することができます。

> 解説

1 インボイスの記載事項と記載例

■ インボイスに記載が必要な事項（消法 57 の 4 ①）

インボイスには、次の事項が記載されていることが必要です。区分記載請求書等に必要とされる記載事項に加え、①、④及び⑤の下線部分が追加されました。

①インボイス発行事業者の氏名又は名称及び<u>登録番号</u>

②課税資産の譲渡等を行った年月日

③課税資産の譲渡等に係る資産又は役務の内容

（課税資産の譲渡等が軽減対象資産の譲渡等である場合にはその旨）

④課税資産の譲渡等の<u>税抜価額又は税込価額を税率ごとに区分して合計した金額及び適用税率</u>

⑤<u>税率ごとに区分した消費税額等</u>

⑥書類の交付を受ける事業者の氏名又は名称

2 インボイスに記載する消費税額等の端数処理（インボイス通達 3-12）

　インボイスの記載事項である消費税額等については、一の適格請求書につき、税率ごとに1回の端数処理を行います。なお、切上げ、切捨て、四捨五入などの端数処理の方法については、任意の方法とすることができます。したがって、一の適格請求書に記載されている個々の商品ごとに消費税額等を計算し、1円未満の端数処理を行い、その合計額を消費税額等として記載することは認められません。

【インボイスの記載例】

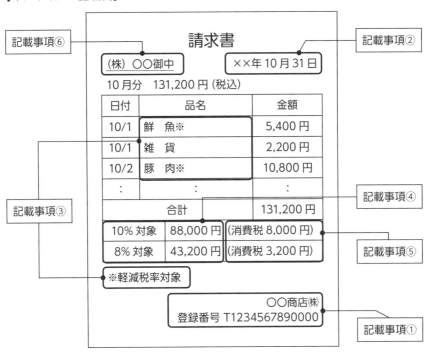

3 簡易インボイスの交付ができる事業

　インボイス発行事業者が、不特定かつ多数の者に課税資産の譲渡等を行う次の事業を行う場合には、インボイスに代えて、インボイスの記載事項を簡易なものとした簡易インボイスを交付することができます。なお、簡易インボイスについても、その交付に代えて、その記載事項に係る電磁的記録を提供することができます。

> ①小売業
>
> ②飲食店業
>
> ③写真業
>
> ④旅行業
>
> ⑤タクシー業
>
> ⑥駐車場業（不特定かつ多数の者に対するものに限ります）
>
> ⑦その他これらの事業に準ずる事業で不特定かつ多数の者に資産の譲渡等
> 　を行う事業

4 簡易インボイスの記載事項

　簡易インボイスの記載事項は、インボイスの記載事項よりも簡易なものとされており、具体的な記載事項は、次のとおりです。

> ①インボイス発行事業者の氏名又は名称及び登録番号
>
> ②課税資産の譲渡等を行った年月日
>
> ③課税資産の譲渡等に係る資産又は役務の内容
>
> 　（課税資産の譲渡等が軽減対象資産の譲渡等である場合にはその旨）
>
> ④課税資産の譲渡等の税抜価額又は税込価額を税率ごとに区分して合計し
> 　た金額
>
> ⑤税率ごとに区分した消費税額等又は適用税率(※)

（※)「税率ごとに区分した消費税額等」と「適用税率」の両方を記載することも

可能です。

　インボイスの記載事項と比べると、「書類の交付を受ける事業者の氏名又は名称」の記載が不要である点、「税率ごとに区分した消費税額等」又は「適用税率」のいずれか一方の記載で足りる点が異なります。

【簡易インボイスの記載例 (適用税率のみを記載する場合)】

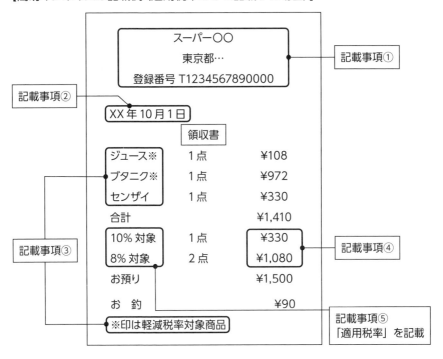

【簡易インボイスの記載例 (税率ごとに区分した消費税額等のみを記載する場合)】

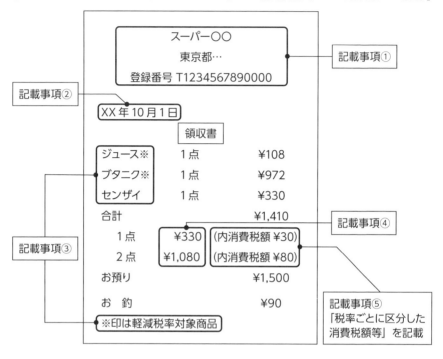

〈インボイスと簡易インボイスの記載事項の比較〉

インボイス	簡易インボイス
①インボイス発行事業者の氏名又は名称及び登録番号	①インボイス発行事業者の氏名又は名称及び登録番号
②課税資産の譲渡等を行った年月日	②課税資産の譲渡等を行った年月日
③課税資産の譲渡等に係る資産又は役務の内容 （課税資産の譲渡等が軽減対象資産の譲渡等である場合にはその旨）	③課税資産の譲渡等に係る資産又は役務の内容 （課税資産の譲渡等が軽減対象資産の譲渡等である場合にはその旨）
④課税資産の譲渡等の税抜価額又は税込価額を税率ごとに区分して合計した金額及び<u>適用税率</u>	④課税資産の譲渡等の税抜価額又は税込価額を税率ごとに区分して合計した金額
⑤税率ごとに区分した<u>消費税額等</u>	⑤税率ごとに区分した<u>消費税額等又は適用税率</u>
⑥<u>書類の交付を受ける事業者の氏名又は名称</u>	

2 知っておくべき知識と留意点

　事例のケースにおいて特に注意したい事項は次のとおりです。

■ 簡易インボイスで「適用税率」のみを記載して交付した場合

　簡易インボイスの記載事項は「適用税率又は税率ごとに区分した消費税額等」であるため、「適用税率」のみを記載して交付することも認められます。ただし、売上税額に係る積上げ計算の特例は、保存するインボイス等の写しに記載された消費税額等を基礎に計算するものです。したがって、売上税額について積上げ計算の特例を適用したい場合には、簡易インボイスに「消費税額等」を記載して交付する必要があります。

3 起こりうる判断ミスと対応策

事例の場合、次のような判断ミスが想定されます。

---

1 消費税額等の端数処理を個々の商品ごとに行っていた

2 簡易インボイスに「消費税額等」の記載がないにもかかわらず、
売上税額につき積上げ計算を適用していた

---

1 消費税額等の端数処理を個々の商品ごとに行っていた

❶ 起こりうる判断ミス

　一の適格請求書に記載されている個々の商品ごとに消費税額等を計算し、1円未満の端数処理を行い、その合計額を消費税額等としてインボイスを発行していた。

❷ ミスへの対応策

　上記**1 2**のとおり、一の適格請求書につき、税率ごとに1回の端数処理を行います。一の適格請求書に記載されている個々の商品ごとに端数処理を行っている場合には、インボイスとして認められませんので、請求書発行システムを改修する必要があります。

2 簡易インボイスに「消費税額等」の記載がないにもかかわらず、売上税額につき積上げ計算を適用していた

❶ 起こりうる判断ミス

　小売業を営む当社は、簡易インボイスを発行しているが、交付する簡易インボイスに「消費税額等」を記載していないにもかかわらず、売上税額について積上げ計算を適用して申告していた。

❷ ミスへの対応策

　上記**1 4**のとおり、簡易インボイスの記載事項は「適用税率又は税率ごとに区分した消費税額等」であるため、「適用税率」のみを記載して交付することも認められます。ただし、売上税額に係る積上げ

計算の特例は、保存するインボイス等の写しに記載された消費税額等を基礎に計算するものです。したがって、売上税額につき、積上げ計算の特例の適用を受けたい場合には、簡易インボイスに「消費税額等」を記載して交付する必要があります。

4 ポイント

❶ インボイスには今までの区分記載請求書等に必要とされる記載事項に加え、「登録番号」、「適用税率」、「消費税額等」の記載が必要となります。

❷ インボイスの記載事項である消費税額等については、一の適格請求書につき、税率ごとに 1 回の端数処理を行います。

❸ 簡易インボイスはインボイスの記載事項と比べると、「書類の交付を受ける事業者の氏名又は名称」の記載が不要である点、「税率ごとに区分した消費税額等」又は「適用税率」のいずれか一方の記載で足りる点が異なります。

❹ 簡易インボイスで「適用税率」のみを記載して交付した場合には、売上税額に係る積上げ計算の特例は適用できません。

インボイス制度における仕入税額控除の 要件

インボイス制度のもとでの仕入税額控除の要件を教えてくだ さい。

A インボイス制度のもとでは、一定の事項が記載された帳簿及び インボイス等の保存が仕入税額控除の要件となります。

▶ 解説 ◀

1 インボイス制度における仕入税額控除の要件

1 帳簿の保存（消法 30 ⑦⑨）

令和 5 年 10 月から実施されるインボイス制度においても、帳簿及び請 求書等の保存が要件とされていますが、保存すべき帳簿の記載事項につい ては次のとおりであり、区分記載請求書等保存方式の帳簿の記載事項と同 様です。したがって、相手方の登録番号の記載は不要とされています。

> ①課税仕入れの相手方の氏名又は名称(※1)
>
> ②課税仕入れを行った年月日
>
> ③課税仕入れに係る資産又は役務の内容(※2)
>
> （課税仕入れが軽減対象資産の譲渡等である場合にはその旨）
>
> ④課税仕入れに係る支払対価の額

（※1）帳簿に記載する課税仕入れの相手方の氏名又は名称は、取引先コード等 の記号・番号等による表示で差し支えありません。

（※2）課税仕入れに係る資産又は役務の内容については、商品コード等の記号・ 番号等による表示で差し支えありませんが、この場合、課税資産の譲渡

等であるか、軽減対象資産の譲渡等であるかの判別が明らかとなるものである必要があります。

2 インボイス等の保存（消法30⑦⑨）

インボイス制度においては、以下の請求書等の保存が仕入税額控除の要件となります。

---

①インボイス

②簡易インボイス

③インボイス又は簡易インボイスの記載事項に係る電磁的記録

④事業者が課税仕入れについて作成する仕入明細書、仕入計算書等インボイスの記載事項が記載されたもの（相手方の確認を受けたものに限ります）

⑤媒介又は取次ぎに係る業務を行う者（卸売市場、農業協同組合又は漁業協同組合等）が委託を受けて行う農林水産物の譲渡等について作成する一定の書類

---

3 帳簿のみの保存で仕入税額控除が認められる場合（消法30⑦、消令49①）

インボイス制度においては、帳簿及びインボイス等の保存が仕入税額控除の要件とされます。ただし、インボイス等の交付を受けることが困難である場合には、一定の事項を記載した帳簿のみの保存で仕入税額控除が認められます。具体的には次のような場合になります。

---

①インボイスの交付義務が免除される3万円未満の公共交通機関（船舶、バス又は鉄道）による旅客の運送

②インボイスの記載事項（取引年月日を除きます）が記載されている入場券等が使用の際に回収される取引（①に該当するものを除きます）

③古物営業を営む者のインボイス発行事業者でない者からの古物（古物営業を営む者の棚卸資産に該当する場合に限ります）の購入

④質屋を営む者のインボイス発行事業者でない者からの質物（質屋を営む

者の棚卸資産に該当する場合に限ります）の取得

⑤宅地建物取引業を営む者のインボイス発行事業者でない者からの建物（宅地建物取引業を営む者の棚卸資産に該当する場合に限ります）の購入

⑥インボイス発行事業者でない者からの再生資源及び再生部品（購入者の棚卸資産に該当する場合に限ります）の購入

⑦インボイスの交付義務が免除される３万円未満の自動販売機及び自動サービス機からの商品の購入等

⑧インボイスの交付義務が免除される郵便切手類のみを対価とする郵便・貨物サービス（郵便ポストに差し出されたものに限ります）

⑨従業員等に支給する通常必要と認められる出張旅費等（出張旅費、宿泊費、日当及び通勤手当）

◢4◣ 帳簿及びインボイス等の保存期間（消令 50 ①③）

　帳簿及びインボイス等は、次の期間、納税地等の所在地に保存しなければなりません。

区　　分	保存開始日	保存期間
帳　　簿	閉鎖の日の属する課税期間の末日の翌日から２か月を経過した日	７年間^(※)
請求書等	受領した日の属する課税期間の末日の翌日から２か月を経過した日	

（※)6 年目以降は、帳簿又はインボイスのいずれか一方の保存で足ります。

5 **電子インボイスの提供を受けた場合の保存（消規 15 の 5）**

　電子インボイスの提供を受けた場合には、データのまま、又は、紙に印刷して保存することができます。提供を受けた電子インボイスについて、そのデータを保存する場合には、電子帳簿保存法に定められた要件に準じて保存しなければなりません。

2　知っておくべき知識と留意点

　事例のケースにおいて特に知っておきたい事項は次のとおりです。

1 **複数の書類で記載事項を満たす場合**

　インボイスとして必要な事項は、一の書類だけで全てが記載されている必要はなく、複数の書類で記載事項を満たせば、それらの書類全体で適格請求書の記載事項を満たすことになりますので、契約書に適格請求書として必要な記載事項の一部が記載されており、実際に取引を行った事実を客観的に示す書類とともに保存しておけば、仕入税額控除の要件を満たすこととなります。

　なお、インボイス制度開始前に契約書を作成している場合には、新たに契約書を作成する必要はなく、登録番号等のインボイス記載事項として不足している事項の通知を受け、契約書とともに保存しておけば仕入税額控除の要件を満たすことになります。

事例の場合、次のような判断ミスが想定されます。

■ 3万円未満の課税仕入れについては特例があると思い込みインボ
イスを保存していなかった

② 相手の確認を受けていない仕入明細書を保管していた

③ インボイス制度施行前からの契約書のみで口座振込により家賃を
支払っていた

■ 3万円未満の課税仕入れについては特例があると思い込みインボイス
を保存していなかった

① 起こりうる判断ミス

　　課税仕入れに係る支払対価の額の合計額が3万円未満である場合に
帳簿の保存のみで仕入税額控除が認められる特例はインボイス制度で
も適用できると思い込み、インボイスを保存していなかった。

② ミスへの対応策

　　3万円未満の課税仕入れの特例はインボイス制度への移行とともに
廃止されました。なお、中小事業者に対しては、令和11年9月30日
まで1万円未満の課税仕入れのインボイスの取得・保存を不要とする
経過措置（少額特例）が設けられています（**Q55** 参照）。

② 相手の確認を受けていない仕入明細書を保管していた

① 起こりうる判断ミス

　　インボイスの保管に代えて、自社で作成した仕入明細書（インボイ
スの記載事項を満たすもの）の保管で仕入税額控除を行っているが、
仕入先の確認を受ける手続きを踏んでいなかった。

❷ ミスへの対応策

　上記 ❶ ❷ のとおり、インボイスに代えて保存する仕入明細書は、相手方の確認を受けたものに限ります。

❸ インボイス制度施行前からの契約書のみで口座振込により家賃を支払っていた

❶ 起こりうる判断ミス

　当社はインボイス制度施行前からの契約書のみで、家賃を口座振替により支払っており、これを仕入税額控除の対象としていた。

❷ ミスへの対応策

　インボイス制度施行前からの契約書のみではインボイス等の保存要件を満たしていないため、仕入税額控除の適用を受けることはできません。登録番号等のインボイス記載事項として不足している事項の通知を受け、契約書とともに保存しておく必要があります。

4 ポイント

❶ 税込支払額が 3 万円未満の場合、帳簿の保存のみで仕入税額控除が認められる特例は、インボイス制度への移行とともに廃止されました。

❷ インボイス制度においては、帳簿及びインボイス等の保存が仕入税額控除の要件になります。

❸ インボイスとして必要な事項は、一の書類だけで全てが記載されている必要はなく、複数の書類で記載事項を満たせば、それらの書類全体で適格請求書の記載事項を満たすことになります。

Q52 インボイス発行事業者以外の者からの課税仕入れに係る経過措置

インボイス制度開始後は、インボイス発行事業者から受けた課税仕入れ以外は全く控除できないのでしょうか。

A インボイス制度では、インボイス発行事業者以外の者（消費者、免税事業者又は登録を受けていない課税事業者）から受けた課税仕入れは原則として仕入税額控除できません。しかし、インボイス発行事業者以外の者からの課税仕入れについては一定の経過措置が設けられています。

解説

1 インボイス制度における仕入税額控除

1 仕入税額控除の要件（消法 30 ⑦）

インボイス制度においては、事業者がその課税期間の課税仕入れ等の税額の控除に係る帳簿及びインボイスを保存していない場合には適用できません。したがって、インボイス発行事業者以外の者からの課税仕入れについては、仕入税額控除はできないことになります。

帳簿及びインボイスは、その受領した日の属する課税期間の末日の翌日から2か月を経過した日から7年間保存をしなければなりません。ただし、6年目以降は、帳簿又はインボイスのいずれかを保存すればよいこととされています。

2 インボイス発行事業者以外の者から行った課税仕入れに係る経過措置（平 28 改正法附則 52、53）

インボイス制度の下では、インボイス発行事業者以外の者からの仕入れについては、インボイスの交付を受けることができないことから、仕入税額控除を行うことができません。ただし、インボイス制度導入から一定期

間は、インボイス発行事業者以外の者からの仕入れであっても、仕入税額
相当額の一定割合を仕入税額とみなして控除できる経過措置が設けられて
います。経過措置を適用できる期間等は、次のとおりです。

期　　間	割　　合
令和 5 年 10 月から令和 8 年 9 月まで	仕入税額相当額の 80%
令和 8 年 10 月から令和 11 年 9 月まで	仕入税額相当額の 50%

　なお、経過措置の適用を受けるためには、帳簿に経過措置の適用を受け
る課税仕入である旨及び区分記載請求書等と同様の記載事項が必要になり
ます。

2 知っておくべき知識と留意点

　事例のケースにおいて特に知っておきたい事項は次のとおりです。

■ インボイス発行事業者の確認

　インボイス発行事業者であるかどうかは国税庁ホームページの「適格請
求書発行事業者公表サイト」で確認できます。

　法人の場合、法人番号や、商号又は名称、所在地等により検索すること
ができます。これに対し、個人の場合には、登録番号による検索しかでき
ないようになっています。これは、氏名又は名称の漢字表記や、同性同名
の存在等により登録番号以外を用いると、正しく検索できない可能性があ
るためです。

3 起こりうる判断ミスと対応策

事例の場合、次のような判断ミスが想定されます。

---

1 インボイス発行事業者以外の者からの課税仕入れに係る経過措置
を知らなかった

2 インボイス発行事業者の確認を怠った

---

1 インボイス発行事業者以外の者からの課税仕入れに係る経過措置を知らなかった

❶ 起こりうる判断ミス

インボイス発行事業者以外の者からの課税仕入れに係る経過措置を知らず、インボイスの交付がない事業者からの課税仕入れを、一切、仕入税額控除の対象としていなかった。

❷ ミスへの対応策

上記 **1** **2** のとおり、インボイス発行事業者以外の者からの仕入れであっても、インボイス制度後、令和8年9月までは仕入税額相当額の80％、その後、令和11年9月までは仕入税額相当額の50％の仕入税額控除が認められます。したがって、過大納付となっていますので、更正の請求ができないかどうか検討しましょう。

2 インボイス発行事業者の確認を怠った

❶ 起こりうる判断ミス

インボイス制度導入当初は登録が間に合わず免税事業者であったが、その後インボイス発行事業者になっていたにもかかわらず、その確認を怠り、経過措置の対象としていた。

❷ ミスへの対応策

インボイス発行事業者であるかどうかは国税庁ホームページの「適格請求書発行事業者公表サイト」で確認できます。仕入先に連絡をし

てインボイスを発行してもらい、更正の請求ができないかどうか検討
しましょう。

4 ポイント

　インボイス制度導入後6年間は、インボイス発行事業者以外の者からの
仕入れであっても、仕入税額相当額の一定割合（令和8年9月までは80%、
その後、令和11年9月までは50%）を仕入税額とみなして控除できる経過
措置が設けられています。

インボイス発行事業者となる小規模事業者に係る税額控除に関する経過措置（2割特例）

　免税事業者がインボイス制度導入を機にインボイス発行事業者になった場合の仕入税額控除の経過措置について教えてください。

A 　インボイス発行事業者の令和5年10月1日から令和8年9月30日までの日の属する各課税期間において、免税事業者がインボイス発行事業者になった場合には、納付税額を課税標準額に対する消費税額の2割とすることができるとする経過措置（以下「2割特例」といいます）が設けられています。

▶ **解説**

1 小規模事業者に係る税額控除に関する経過措置（2割特例）

1 適用対象者

　インボイス制度を機に免税事業者からインボイス発行事業者として課税事業者になった者であり、具体的には以下の者が対象になります。

> ①免税事業者がインボイス発行事業者の登録を受け、登録日から課税事業者となる者
> ②免税事業者が課税事業者選択届出書を提出した上で登録を受けてインボイス発行事業者となる者

2 適用可能期間

　2割特例を適用できる期間は、令和5年10月1日から令和8年9月30日までの日の属する各課税期間となります。

　免税事業者である個人事業者が令和5年10月1日から登録を受ける場

合には、令和5年分（10～12月分のみ）の申告から令和8年分の申告までの計4回の申告が適用対象となります。

　免税事業者である3月決算法人が令和5年10月1日から登録を受ける場合には、令和6年3月決算分（10月～翌3月分のみ）から令和9年3月決算分までの計4回の申告が適用対象となります。

〈2割特例の適用対象期間〉

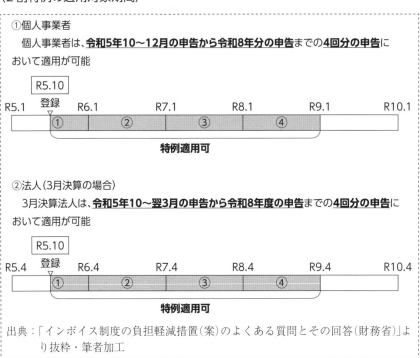

①個人事業者
　　個人事業者は、**令和5年10～12月の申告から令和8年分の申告**までの**4回分の申告**において適用が可能

②法人（3月決算の場合）
　　3月決算法人は、**令和5年10～翌3月の申告から令和8年度の申告**までの**4回分の申告**において適用が可能

出典：「インボイス制度の負担軽減措置（案）のよくある質問とその回答（財務省）」より抜粋・筆者加工

2 知っておくべき知識と留意点

事例のケースにおいて特に知っておきたい事項は次のとおりです。

■ 2割特例の適用ができない場合

次のような場合には2割特例の適用はできません。

①インボイス発行事業者の登録を受けていない

②基準期間における課税売上高が1,000万円超である

③資本金1,000万円以上の新設法人

④調整対象固定資産や高額特定資産を取得して仕入税額控除を行った場合

⑤課税期間を短縮している場合

■ 2割特例の適用を受けるための手続き

2割特例の適用に当たっては、事前の届出は必要ありません。消費税の確定申告書に2割特例の適用を受ける旨を付記することにより適用を受けることができます。

3 起こりうる判断ミスと対応策

事例の場合、次のような判断ミスが想定されます。

■ インボイス制度施行前から課税事業者を選択したため2割特例の適用ができなくなってしまった

■ 基準期間の課税売上高が1,000万円超になったにもかかわらず、2割特例を適用して申告してしまった

■ 「簡易課税制度選択届出書」を提出していたため、2割特例は適用できないものと思い込み、不利な簡易課税で申告してしまった

■ インボイス制度施行前から課税事業者を選択したため 2 割特例の適用ができなくなってしまった

● 起こりうる判断ミス

　　免税事業者である個人事業者であったが、令和 4 年 12 月に令和 5 年 1 月からの「課税事業者選択届出書」と登録申請書を提出したため、令和 5 年分の申告について 2 割特例の適用ができなくなってしまった。

● ミスへの対応策

　　上記■■のとおり、適用対象者は登録日から課税事業者となる者です。このケースは、令和 5 年 1 月から課税事業者となるため、令和 5 年分は 2 割特例の適用は受けられません。ただし、令和 6 年分の申告については、基準期間における課税売上高が 1,000 万円を超える等の事情がない限り適用を受けることができます。

　　なお、こうした場合でも令和 5 年分の申告について 2 割特例の適用を受けるかどうかを検討できるように、その課税期間中（上記例では、令和 5 年 4 月 1 日（経過措置の施行日）から 12 月 31 日まで）に、「課税事業者選択不適用届出書」を提出することで、その課税期間（令和 5 年分）から「課税事業者選択届出書」の効力を失効できることとされます。この手続きを行うことにより、令和 5 年 1 月～ 9 月分の納税義務が改めて免除され、インボイス発行事業者として登録を受けた令和 5 年 10 月 1 日から 12 月 31 日までの期間について納税義務が生じることとなり、その期間について 2 割特例を適用することが可能となります。

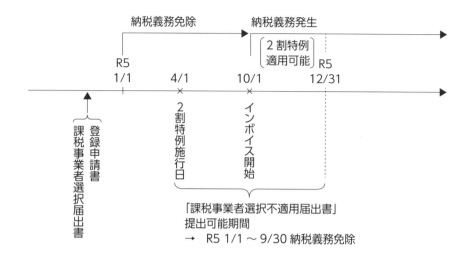

2 基準期間の課税売上高が 1,000 万円超になったにもかかわらず、2
割特例を適用して申告してしまった

❶ 起こりうる判断ミス

　　個人事業者で令和 5 年分は 2 割特例を適用して申告したが、令和 6
年分の課税売上高が 1,000 万円超となったにもかかわらず、令和 8 年
分を有利な 2 割特例を適用して申告してしまった。

❷ ミスへの対応策

　　上記 **2 1** ②のとおり、適用可能期間内のいずれかの年において、
基準期間の課税売上高が 1,000 万円を超えたことで課税事業者になっ
た場合には、2 割特例の適用はありません。したがって、修正申告が
必要です。

3「簡易課税制度選択届出書」を提出していたため、2 割特例は適用でき
ないものと思い込み、不利な簡易課税で申告してしまった

❶ 起こりうる判断ミス

　　登録申請書とともに「簡易課税制度選択届出書」を提出していたた
め、2 割特例は適用できないものと思い込み、不利な簡易課税で申告
してしまった。

❷ ミスへの対応策

　２割特例は、原則課税、簡易課税のいずれを選択している場合でも適用が可能です。「簡易課税制度選択届出書」を提出していても２割特例を選択することは可能です。不利な簡易課税で申告してしまった場合、更正の請求はできませんので、過大納付税額は回復できない損害になります。

4 ポイント

❶ インボイス制度を機に免税事業者から課税事業者になった者は、２割特例が適用できます。

❷ 基準期間における課税売上高が1,000万円超になった課税期間は２割特例の適用はできません。

❸ ２割特例は、原則課税、簡易課税のいずれを選択している場合でも適用が可能です。

**棚卸資産に係る消費税額の調整に関する
経過措置**

　私は、免税事業者でしたが、経過措置により令和5年10月
1日からインボイス発行事業者の登録を受けました。この経過
措置の適用を受けた場合、登録日から課税期間の末日までの期
間について、消費税の申告が必要になるとのことですが、免税
事業者であった令和5年9月30日までに仕入れた商品が令和
5年10月1日以降に売れた場合、仕入税額控除はできますか。

　令和5年10月1日から登録を受けることとなった場合におい
て、登録日の前日である令和5年9月30日に、免税事業者であっ
た期間中に仕入れた商品に係る棚卸資産を有しているときは、そ
の棚卸資産に係る消費税額について仕入税額控除の適用を受ける
ことができます。

▶ 解説

1 納税義務の免除を受けないこととなった場合の棚卸資産に係る消費税額の調整に関する経過措置（改正令附則17）

　免税事業者がインボイス発行事業者の登録に関する経過措置により令和
5年10月1日から課税事業者になった場合において、登録開始日の前日
に免税事業者であった期間中に国内において譲り受けた課税仕入れに係る
棚卸資産又はその期間における保税地域からの引取りに係る課税貨物で棚
卸資産に該当するものを有しているときは、その棚卸資産に係る消費税額
について仕入税額控除の適用を受けることができます。

2 知っておくべき知識と留意点

事例のケースにおいて重要となる消費税法上の規定は次のとおりです。

1 登録に関する経過措置（インボイス通達 5-1）

　免税事業者が令和 5 年 10 月 1 日から令和 11 年 9 月 30 日までの日の属する課税期間中に登録申請書を提出し、登録を受けることとなった場合には、登録日から課税事業者となる経過措置が設けられています。なお、登録申請書にその提出する日から 15 日を経過する日以後の登録希望日を記載し、登録希望日後に登録がされたときは、その登録希望日に登録されたものとみなされます。この経過措置の適用を受ける場合には、登録日から課税事業者となるため、課税事業者選択届出書を提出する必要はありません。この経過措置の適用を受けてインボイス発行事業者の登録を受けた場合には、基準期間の課税売上高にかかわらず、登録日から課税期間の末日までの期間について、消費税の申告が必要になります。

2 免税事業者が課税事業者となった場合の棚卸資産に係る消費税額の調整（消法 36 ①）

　免税事業者が課税事業者となった場合において、その課税事業者となった課税期間の初日の前日において、その免税期間中に国内において譲り受けた課税仕入れに係る棚卸資産又はその期間における保税地域からの引取りに係る課税貨物で棚卸資産に該当するものを有しているときは、その課税仕入れに係る棚卸資産又はその課税貨物に係る消費税額をその課税事業者となった課税期間の仕入れに係る消費税額の計算の基礎となる課税仕入れ等の税額とみなします。

3 棚卸資産（消法 2 ① 15）

　商品、製品、半製品、仕掛品、原材料その他の資産で棚卸すべきものをいいます。

3 起こりうる判断ミスと対応策

事例の場合、次のような判断ミスが想定されます。

> 令和5年9月30日に商品に係る棚卸資産を有していたにもかかわらず棚卸資産に係る消費税額の調整をしなかった

❶ 起こりうる判断ミス

　インボイス発行事業者の登録に関する経過措置により令和5年10月1日から課税事業者になったが、令和5年9月30日に商品の棚卸資産を有していたにもかかわらず棚卸資産に係る消費税額の調整をしなかった。

❷ ミスへの対応策

　上記 ❷ ❷ のとおり、令和5年9月30日の商品の棚卸資産に係る消費税額は、令和5年分の消費税額の仕入税額控除の対象になります。証拠資料があれば、更正の請求を検討しましょう。

4 ポイント

❶ 免税事業者が登録に関する経過措置により課税期間の中途から課税事業者になった場合には棚卸資産に係る消費税額の調整の適用ができます。

❷ 棚卸資産に係る消費税額の調整の適用を受ける場合には、課税事業者となる課税期間の初日の前日に、実地棚卸をしておく必要があります。

中小事業者の少額取引に係る事務負担の 軽減措置（少額特例）

中小事業者の少額取引に係る事務負担の軽減措置の内容について教えてください。

A 　一定の中小事業者（基準期間の課税売上高が 1 億円以下又は特定期間の課税売上高が 5,000 万円以下）が行う少額取引（税込 1 万円未満）について、インボイス制度導入から 6 年間、インボイスの取得・保存を不要とし、一定の事項が記載された帳簿のみの保存を要件として仕入税額控除が認められる経過措置（以下「少額特例」といいます）が設けられています。

> **解説**

1 中小事業者の少額取引に係る事務負担の軽減措置（少額特例）

1 経過措置が設けられた理由

　インボイス制度における仕入税額控除の適用にあたっては、金額の多寡にかかわらず、原則として取引の相手方からインボイスを取得・保存する必要があり、事務負担の増加が懸念されていました。そこで、一定の中小事業者が行う少額取引については、導入当初 6 年間の経過措置としてインボイスの取得・保存を不要とし、一定の事項が記載された帳簿のみの保存を要件として仕入税額控除が認められることとなりました。

2 内容

　基準期間の課税売上高が 1 億円以下又は特定期間の課税売上高が 5,000 万円以下である事業者が、令和 5 年 10 月 1 日から令和 11 年 9 月 30 日までの間に国内において行う課税仕入れについて、その課税仕入れに係る支払対価の額が税込 1 万円未満である場合には、一定の事項が記載された帳

簿のみの保存により仕入税額控除が認められます。

適用対象者	対象となる取引	適用期間
基準期間の課税売上高が1億円以下	課税仕入れに係る支払対価の額(税込)が1万円未満	令和5年10月1日から令和11年9月30日まで
特定期間^(※)の課税売上高が5,000万円以下		

(※)特定期間とは個人事業者については前年1～6月までの期間をいい、法人については前事業年度の開始の日以後6か月の期間をいいます(消法9の2④)。

2 知っておくべき知識と留意点

　事例のケースにおいて特に知っておくべき事項は次のとおりです。

1 判定単位

　少額特例の判定単位は、課税仕入れに係る1商品ごとの金額により判定するのではなく、一回の取引の合計額が1万円未満かどうかにより判定します。したがって、例えば8,000円の商品と7,000円の商品を同時に購入した場合(合計15,000円)は少額特例の対象になりません。

2 特定期間による判定

　特定期間における納税義務の免除の特例は特定期間の課税売上高に代えて給与等支払額の合計額で判定することができますが、少額特例の場合にはこの判定はできません(Q18 参照)。

3 起こりうる判断ミスと対応策

事例の場合、次のような判断ミスが想定されます。

> **1** 基準期間だけで判断してしまった
> **2** 月額で判定すべきところ稼働日で按分してしまった
> **3** 特定期間の判定を給与等支払額の合計額で行ってしまった

1 基準期間だけで判断してしまった

① 起こりうる判断ミス

　　特定期間の課税売上高が5,000万円以下であったため、少額特例の適用が受けられたにもかかわらず、基準期間の課税売上高が1億円超であったため少額特例を適用しなかった。

② ミスへの対応策

　　上記**1 2**のとおり、基準期間の課税売上高が1億円超であっても特定期間の課税売上高が5,000万円以下であれば少額特例の適用はできます。

2 月額で判定すべきところ稼働日で按分してしまった

① 起こりうる判断ミス

　　月額180,000円（稼働日20日）で個人事業者に外注していたが、稼働日で按分すると1万円未満となるため、少額特例が適用できると思い込み、インボイスを取得していなかった。

② ミスへの対応策

　　上記**2 1**のとおり、少額特例の判定単位は、一回の取引の合計額が1万円未満であるかどうかにより判定します。役務の提供である場合には、通常、約した役務の取引金額（月額180,000円）により判定しますので少額特例は適用できません。インボイスを取得する必要があります。

3 特定期間の判定を給与等支払額の合計額で行ってしまった

① 起こりうる判断ミス

　　少額特例は、特定期間の判定を課税売上高に代えて給与等支払額の合計額でできないにもかかわらず、給与等支払額の合計額が 5,000 万円以下であったため、少額特例を適用して少額取引につきインボイスを取得していなかった。

② ミスへの対応策

　　上記 **2** **2** のとおり、少額特例は課税売上高に代えて給与等支払額の合計額で判定することはできませんので、インボイスを取得する必要があります。

4 ポイント

① 中小事業者（基準期間の課税売上高が 1 億円以下又は特定期間の課税売上高が 5,000 万円以下）が行う税込 1 万円未満の取引については、インボイス制度導入から 6 年間は帳簿のみの保存で仕入税額控除が認められます（少額特例）。

② 少額特例は一回の取引の合計額が税込 1 万円未満かどうかにより判定します。

③ 少額特例のうち、特定期間の判定は、課税売上高に代えて給与等支払額の合計額で行うことはできません。

Q56　返還インボイスの交付

　売掛金の回収にあたり、振込手数料が差し引かれて入金になるケースがありますが、この様な場合にも返還インボイスを交付しなければならないのでしょうか。

A　振込手数料を売手負担とし、売上値引きとして処理する場合には、税込金額が 1 万円未満であれば返還インボイスは不要です。ただし、支払手数料として課税仕入れで処理する場合には、原則としてインボイスが必要です。

▶ 解説 ◀

1　返還インボイスの交付

1　返還インボイスの交付義務免除

　インボイス制度において売手から買手へ交付されたインボイスにつき、値引き等が行われた場合、返還インボイスを別途交付する必要があります。例えば売掛金の回収にあたり、買手が支払う振込手数料を売手負担とする場合にも、「値引き」として返還インボイスの交付義務が生ずることになります。ただし、返品・値引き・割戻しなどの売上げに係る対価の返還等に係る税込価額が 1 万円未満である場合には、返還インボイスの交付義務が免除されます。

2　知っておくべき知識と留意点

　事例のケースにおいて知っておきたい事項は次のとおりです。

1　売手が負担する振込手数料を支払手数料として処理する場合

　売手が負担する振込手数料を支払手数料、すなわち課税仕入れとして処理している場合には、そもそも返還インボイスの交付は必要ありません。なお、支払手数料として仕入税額控除を行うためには、金融機関や取引先

からの支払手数料に係るインボイスが必要となります。なお、少額特例の対象になります（Q55 参照）。

　実務上、振込手数料を売手負担とする場合、売手側で売上値引として処理する方法と支払手数料（課税仕入れ）として処理する方法がありますが、インボイスの交付・保存の要否を比較すると次のようになります。

〈売手が負担する振込手数料〉

売手側の処理	必要なインボイス	交付・保存の要否
売上値引	返還インボイス	必要（ただし１万円未満不要）
支払手数料	インボイス	必要（ただし少額特例対象(※)）

（※）中小事業者が経過措置期間内に行う課税仕入れに係る支払対価の額が税込１万円未満である場合には、一定の事項が記載された帳簿のみの保存により仕入税額控除が認められます（Q55 参照）。

② 会計上は支払手数料として処理し、消費税法上は対価の返還等として処理する場合

　売手が負担する振込手数料を、会計上は支払手数料として処理していても、消費税法上は対価の返還等として処理していることが、要件設定やコード表、消費税申告の際に作成する帳票等により明らかであれば売上値引として認められます。したがって、このような処理をすれば、返還インボイスの交付・保管のどちらも不要にすることができます。

3 起こりうる判断ミスと対応策

事例の場合、次のような判断ミスが想定されます。

売手が負担する振込手数料を支払手数料として処理していた

① 起こりうる判断ミス

　売手が負担する振込手数料をインボイスを保存しないまま支払手数料として仕入税額控除の対象としていた。

② ミスへの対応策

　上記 **2 1** のとおり、少額特例の経過措置期間内であればインボイスの保存は不要ですが、それ以降はインボイスの保存が必要になります。したがって、上記 **2 2** のように、会計上は支払手数料として処理していても、消費税法上は対価の返還等として処理することが事務負担の軽減になります。

4 ポイント

① 振込手数料を売上値引きとして処理する場合には、税込金額が1万円未満であれば返還インボイスの交付は不要です。

② 振込手数料を支払手数料として処理する場合には、原則としてインボイスの保存が必要です。ただし少額特例の対象となります。

③ 振込手数料を会計上は支払手数料、消費税法上は対価の返還等として処理すれば、税込金額が1万円未満であれば返還インボイスの交付は不要です。

インボイス制度における税額計算

インボイス制度において消費税額はどのように計算されますか。

インボイス制度においても、消費税額計算の基本的なしくみは区分記載請求書等保存方式と同じです。なお、区分記載請求書等保存方式では、割戻し計算を原則としましたが、インボイス制度においては、売上税額の計算は割戻し計算、仕入税額の計算は積上げ計算を原則とします。

1 インボイス制度における税額計算

1 売上税額

❶ 原則（割戻し計算）（消法 45 ①）

税率ごとに区分した課税期間中の課税資産の譲渡等の税込価額の合計額に、108 分の 100 又は 110 分の 100 をかけて税率ごとの課税標準額を算出し、それぞれの税率（6.24% 又は 7.8%）をかけて売上税額を算出します。

イ 軽減税率の対象となる売上税額

軽減税率の対象となる課税標準額＝軽減税率の対象となる課税売上高（税込み）× 100/108

軽減税率の対象となる課税標準額× 6.24%

ロ 標準税率の対象となる売上税額

標準税率の対象となる課税標準額＝標準税率の対象となる課税売上げ（税込み）× 100/110

標準税率の対象となる課税標準額× 7.8%

> ハ　売上税額の合計額
>
> 　　イ＋ロ

❷ 特例（積上げ計算）（消法 45 ⑤）

　相手方に交付したインボイス又は簡易インボイス（インボイス等）の写しを保存している場合（電磁的記録を含みます）には、これらの書類に記載した消費税額等の合計額に 100 分の 78 を乗じて算出した金額を売上税額とすることができます。

> 売上税額の合計額＝
> インボイス等に記載した消費税額等の合計額× 78/100

　簡易インボイスに「適用税率又は税率ごとに区分した消費税額等」を記載せず、「適用税率」のみを記載して交付する場合は、積上げ計算を行うことはできません。

　売上税額を積上げ計算した場合、仕入税額も積上げ計算しなければなりません。

② 仕入税額

❶ 原則（積上げ計算）（消法 30 ①、消令 46 ①②）

　相手方から交付を受けたインボイスなどの請求書等（電磁的記録を含みます）に記載されている消費税額等のうち課税仕入れに係る部分の金額の合計額に 100 分の 78 を乗じて仕入税額を算出します。

　積上げ計算には、インボイスに記載された消費税額等を積み上げ計算する「インボイス等積上げ計算」と課税仕入れの都度算出した仮払消費税額等（1 円未満切捨て又は四捨五入）を積み上げ計算する「帳簿積上げ計算」の 2 つが認められています。なお、仕入税額の計算に当たり、両者を併用することも認められます。

> 仕入税額の合計額＝
>
> インボイス等に記載された消費税額等又は仮払消費税額等の合計額×
> 78/100

　交付を受けた簡易インボイスに消費税額等の記載がない場合には、課税仕入れに係る支払対価の額を基礎として消費税額等を計算し、インボイス等積上げ計算を適用することができます。この場合、1円未満の端数処理は、税率ごとにその端数を切捨て又は四捨五入します。

❷ 特例（割戻し計算）（消令 46 ③）

　税率ごとに区分した課税期間中の課税仕入れに係る支払対価の額の合計額に、108 分の 6.24 又は 110 分の 7.8 をかけて算出した金額を仕入税額とすることができます。

　なお、割戻し計算により仕入税額を計算できるのは、売上税額を割戻し計算している場合に限られます。

> イ　軽減税率の対象となる仕入税額
>
> 　　軽減税率の対象となる課税仕入れ（税込み）× 6.24/108
>
> ロ　標準税率の対象となる仕入税額
>
> 　　標準税率の対象となる課税仕入れ（税込み）× 7.8/110
>
> ハ　仕入税額の合計
>
> 　　イ＋ロ

3 売上税額と仕入税額の計算方法の選択（インボイス通達 4-3）

　売上税額の計算において割戻し計算（原則）を行っている場合には、仕入税額は積上げ計算（原則）又は割戻し計算（特例）のいずれかを選択することができます。これに対し、売上税額の計算において積上げ計算（特例）を選択した場合には、仕入税額の計算では積上げ計算（原則）しか認められず、割戻し計算を適用することはできません。なお、売上税額の計

算は、取引先ごとに割戻し計算と積上げ計算を分けて適用するなど、併用することも認められますが、併用した場合であっても売上税額の計算につき積上げ計算を適用した場合に当たるため、仕入税額の計算方法に割戻し計算を適用することはできません。

売上税額	仕入税額（選択できる計算方法）
割戻し計算（原則）	積上げ計算（原則）
	割戻し計算（特例）
積上げ計算（特例）	積上げ計算（原則）

2 知っておくべき知識と留意点

　事例のケースにおいて知っておきたい事項は次のとおりです。

1 インボイスに記載する消費税額等の端数処理（消令 70 の 10）

　インボイスの記載事項である消費税額等に１円未満の端数が生じる場合は、一のインボイスにつき、税率ごとに１回の端数処理を行う必要があります。一のインボイスに記載されている個々の商品ごとに消費税額等を計算し、１円未満の端数処理を行い、その合計額を消費税額等として記載することは認められません。なお、切上げ、切捨て、四捨五入などの端数処理の方法については、任意の方法とすることができます。

2 仕入税額の帳簿積上げ計算の端数処理（消令 46 ②）

　仕入税額の計算において帳簿積上げ計算を採用する場合の仮払消費税額等の端数処理は切捨て又は四捨五入のみであり、切上げは認められません。

3 積上げ計算には専用のシステムが必要

　積上げ計算は、インボイスに記載された消費税額等を積み上げて計算す

るため、自動計算する財務会計とは別のシステムが必要になります。した
がって、このような専用のシステムを導入せず、財務会計システムだけで
対応する場合には、売上税額を割戻し計算（原則）、仕入税額を割戻計算（特
例）で行うことになります。

3 起こりうる判断ミスと対応策

事例の場合、次のような判断ミスが想定されます。

> **1** 売上税額を積上げ計算しているにもかかわらず、仕入税額を割戻
> し計算していた
> **2** 売上税額を卸売部門のみ割戻し計算しているにもかかわらず、仕
> 入税額を割戻し計算していた
> **3** 簡易インボイスに適用税率のみ記載しているにもかかわらず、売
> 上税額について積上げ計算を適用していた

1 売上税額を積上げ計算しているにもかかわらず、仕入税額を割戻し計
算していた

❶ 起こりうる判断ミス

　売上税額について積上げ計算を適用している場合には、仕入税額も
積上げ計算を適用しなければならないところ、仕入税額について割戻
し計算を適用して申告していた。

❷ ミスへの対応策

　上記 **1 3** のとおり、売上税額に積上げ計算を適用した場合には、
仕入税額も積上げ計算を適用しなければなりません。この制度は、売
上税額と仕入税額の計算方法の違いを利用した有利選択を排除するた
めにインボイス制度において新たに設けられたものです。

2 売上税額を卸売部門のみ割戻し計算しているにもかかわらず、仕入税額を割戻し計算していた

① 起こりうる判断ミス

　小売部門と卸売部門の 2 部門があり、卸売部門の売上税額についてのみ割戻し計算を適用していたにもかかわらず、仕入税額について割戻し計算を適用して申告していた。

② ミスへの対応策

　上記 **1** **3** のとおり、売上税額の計算は、取引先ごとに割戻し計算と積上げ計算を分けて適用するなど、併用することも認められますが、併用した場合であっても売上税額の計算につき積上げ計算を適用した場合にあたるため、仕入税額の計算方法に割戻し計算を適用することはできません（インボイス通達3-13）。

3 簡易インボイスに適用税率のみ記載しているにもかかわらず、売上税額について積上げ計算を適用していた

① 起こりうる判断ミス

　小売業を営む当社は、簡易インボイスを発行しているが、交付する簡易インボイスに「消費税額等」を記載していないにもかかわらず、売上税額について積上げ計算を適用して申告していた。

② ミスへの対応策

　上記 **1** **1** のとおり、簡易インボイスの記載事項は「適用税率又は税率ごとに区分した消費税額等」であるため、「適用税率」のみを記載して交付することも認められます。ただし、売上税額に係る積上げ計算の特例は、保存するインボイス等の写しに記載された消費税額等を基礎に計算するものです。したがって、交付した簡易インボイスに「消費税額等」の記載がない場合には、積上げ計算は適用できません。

4 ポイント

❶ インボイス制度においては、売上税額の計算は割戻し計算、仕入税額の計算は積上げ計算を原則とします。

❷ 売上税額を積上げ計算している場合には、仕入税額は積上げ計算しか適用できません。

❸ 売上税額の計算に割戻し計算と積上げ計算を併用することも認められますが、併用した場合には積上げ計算を適用したことになるため、仕入税額の計算方法に割戻し計算を適用することはできません。

❹ 簡易インボイスに適用税率のみ記載している場合には、売上税額について積上げ計算は適用できません。

3 居住用賃貸建物関係

Q58 仕入税額控除の制限

当社は賃貸マンションを新築中で、X 年に引渡しを受ける予定です。X 年は課税事業者（基準期間の課税売上高が 1,000 万円超）であり、全額控除（課税売上高は 5 億円以下であり、かつ、課税売上割合は 95％ 以上）となる予定です。マンション新築にかかる消費税の還付は受けられますか。

令和 2 年 10 月 1 日以後は、課税事業者で、全額控除を受ける場合であっても、居住用賃貸建物の課税仕入れ等は、仕入税額控除の適用を受けることができません。

▶ 解説

1 居住用賃貸建物の取得等に係る仕入税額控除の制限（消法 30 ⑩）

令和 2 年度の税制改正により、事業者が国内において行う居住用賃貸建物に係る課税仕入等の税額については、仕入税額控除の適用を受けることができなくなりました。

2 知っておくべき知識と留意点

事例のケースにおいて重要となる消費税法上の規定は次のとおりです。

■ 居住用賃貸建物（消法 30 ⑩）

居住用賃貸建物とは、住宅の貸付の用に供しないことが明らかな建物以外の建物で高額特定資産又は調整対象自己建設高額資産に該当するものをいいます。

2 高額特定資産

　高額特定資産とは、一の取引の単位につき、課税仕入れに係る税抜支払対価の額が 1,000 万円以上の棚卸資産又は調整対象固定資産をいいます。

3 調整対象自己建設高額資産

　調整対象自己建設高額資産とは、他の者との契約に基づき、またはその事業者の棚卸資産として自ら建設等をした棚卸資産で、その建設等に要した課税仕入れに係る税抜支払対価の額に相当する金額等（事業者免税点制度および簡易課税制度の適用を受ける課税期間に行ったものを含みます）の累計額が 1,000 万円以上となったものをいいます。

4 住宅の貸付けの用に供しないことが明らかな建物の範囲 (消基通 11-7-1)

　居住用賃貸建物は、住宅の貸付けの用に供しないことが明らかな建物（その附属設備を含みます）以外の建物であることが要件となりますが、「住宅の貸付けの用に供しないことが明らかな建物」とは、建物の構造及び設備の状況その他の状況により住宅の貸付けの用に供しないことが客観的に明らかなものをいい、例えば、次に掲げるようなものがこれに該当します。

---

①建物の全てが店舗等の事業用施設である建物など、建物の設備等の状況により住宅の貸付けの用に供しないことが明らかな建物

②旅館又はホテルなど、旅館業法第 2 条第 1 項《定義》に規定する旅館業に係る施設の貸付けに供することが明らかな建物

③棚卸資産として取得した建物であって、所有している間、住宅の貸付けの用に供しないことが明らかなもの

---

3 起こりうる判断ミスと対応策

事例の場合、次のような判断ミスが想定されます。

---

１ マンション取得に係る消費税の還付を受けてしまった

２ 販売目的の現住マンション（人が居住した状態のマンション）の
取得に係る消費税の還付を受けてしまった

---

１ マンション取得に係る消費税の還付を受けてしまった

❶ 起こりうる判断ミス

　　課税事業者であり、全額控除が受けられたことから、マンション
取得に係る消費税を全額仕入税額控除して消費税の還付を受けた。

❷ ミスへの対応策

　　令和２年度の改正前（原則として令和２年９月30日以前に行われた課
税仕入れ等）であれば、マンションの取得は非課税売上対応課税仕入
れに該当することから、全額控除であれば、全額仕入税額控除が受け
られました。しかし、改正後は、マンション（居住用賃貸建物）の課
税仕入れ等は、仕入税額控除の適用を受けることができません。した
がって修正申告をする必要があります。

２ 販売目的の現住マンション（人が居住した状態のマンション）の取得
に係る消費税の還付を受けてしまった

❶ 起こりうる判断ミス

　　不動産会社である当社は、転売目的で現住マンションを購入した。
当社にとっては販売用資産に該当するため、仕入税額控除の適用を受
けて消費税の申告を行った。

❷ ミスへの対応策

　　販売目的で現住マンションを取得した場合には、取得と同時に住宅
として賃貸していることになるため、販売用であっても、その取得し

た物件は、「住宅の用に供しないことが明らかな建物」には該当しないため、居住用賃貸建物となり、仕入税額控除の適用を受けることができません。したがって、修正申告をする必要があります。

　ただし、調整期間中にそのマンションを譲渡した場合には、調整計算により、マンションの課税仕入れ等の税額の多くを控除することができます（**Q60** 参照）。

4 ポイント

❶ 居住用賃貸建物の課税仕入れ等の税額については、仕入税額控除の適用を受けることができません。

❷ 居住用賃貸建物とは、「住宅の貸付けの用に供しないことが明らかな建物以外の建物」をいい、建物の構造及び設備の状況その他の状況により住宅の貸付けの用に供しないことが客観的に明らかなものをいいます。

Q59 居住用賃貸建物を課税賃貸用に供した場合

当社はX1年12月期に居住用賃貸建物の課税仕入れを行いましたが、仕入税額控除の制限により、仕入税額控除の適用は受けませんでした。この後、X2年12月期の途中から建物の一部をテナント用（課税賃貸用）として賃貸しています。この部分の仕入税額控除を今から受けることは可能でしょうか。

X3年12月末においてその居住用賃貸建物を有していれば、仕入控除税額の調整の対象となりますので、課税賃貸用に転用した部分のうち、一定の方法により計算した金額の仕入税額控除が受けられます。

解説

1 居住用賃貸建物の取得等に係る仕入控除税額の調整（消法35の2①）

事業者が居住用賃貸建物の取得等に係る仕入税額控除の制限の規定の適用を受けた場合において、第3年度の課税期間の末日においてその居住用賃貸建物を有しており、かつ、その居住用賃貸建物の全部又は一部を調整期間に課税賃貸用に供したときは、その有している居住用賃貸建物に係る課税仕入れ等の税額に課税賃貸割合を乗じて計算した金額に相当する消費税額をその第3年度の課税期間の仕入れに係る消費税額に加算します。

加算する消費税額＝居住用賃貸建物に係る消費税額×課税賃貸割合

なお、事業者は免税事業者を除き、相続によりその居住用賃貸建物に係る事業を承継した相続人、合併によりその事業を承継した合併法人及び分割により居住用賃貸建物に係る事業を承継した分割承継法人においても適用があります。

〈具体例〉

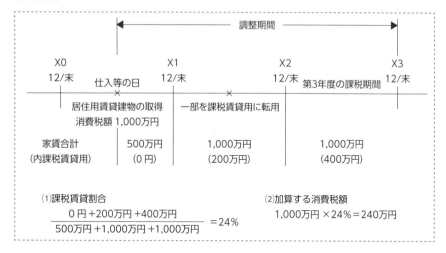

2 知っておくべき知識と留意点

　事例のケースにおいて重要となる消費税法上の規定は次のとおりです。

1 第3年度の課税期間（消法35の2③）

　居住用賃貸建物の仕入れ等の日の属する課税期間の開始の日から3年を経過する日の属する課税期間をいいます。

2 居住用賃貸建物の仕入れ等の日（消法35の2③）

　その居住用賃貸建物の課税仕入れの日をいいます。自己建設高額特定資産については、その自己建設高額特定資産の建設等が完了した日をいいます。

3 調整期間（消法35の2①）

　その居住用賃貸建物の仕入れ等の日から第3年度の課税期間の末日までの期間をいいます。

4 課税賃貸割合（消法35の2③）

　調整期間に行ったその居住用賃貸建物の貸付けの対価の額の合計額のうちに、調整期間に行った居住用賃貸建物の課税賃貸用の貸付けの対価の額

の合計額の占める割合です。なお、これらの対価の返還等があった場合には、返還等の金額をそれぞれの対価の額の合計額から控除した残額によります。また、課税賃貸用の貸付けの対価の額及びその対価の返還等の額は、消費税及び地方消費税を含まない税抜金額で計算します。

$$
課税賃貸割合 = \frac{分母のうち課税賃貸用家賃の合計額（税抜）}{調整期間中の居住用賃貸建物の家賃の合計額（税抜）}
$$

5 高額特定資産等が居住用賃貸建物である場合の納税義務の免除の特例の適用関係（消基通 1-5-30）

　高額特定資産又は調整対象自己建設高額資産について居住用賃貸建物に係る仕入税額控除の制限の規定が適用された場合であっても、高額特定資産を取得した場合等の納税義務の免除の特例（いわゆる 3 年縛り）の規定は適用されます。

3　起こりうる判断ミスと対応策

　事例の場合、次のような判断ミスが想定されます。

> **1** 居住用賃貸建物の一部を課税賃貸用に転用したにもかかわらず調整の適用を失念してしまった
>
> **2** 居住用賃貸建物の仕入税額控除の制限を受けたため 3 年縛りの適用はないものと思い込み、「簡易課税制度選択届出書」を提出してしまった

1 居住用賃貸建物の一部を課税賃貸用に転用したにもかかわらず調整の適用を失念してしまった

❶ 起こりうる判断ミス

　居住用賃貸建物の一部を課税賃貸用に転用し、居住用賃貸建物の取得等に係る仕入控除税額の調整の要件を満たしていたにもかかわら

ず、第３年度に調整計算を行わなかった。

❷ ミスへの対応策

　上記 **❶** のとおり、以下の要件に当てはまる場合には調整計算の適用があります。忘れずに適用しましょう。

---

①原則課税の課税事業者で居住用賃貸建物の仕入れを行った

②その居住用賃貸建物を調整期間中に課税賃貸用に転用している

③第３年度の課税期間の末日にその居住用賃貸建物を保有している

---

❷ 居住用賃貸建物の仕入税額控除の制限を受けたため３年縛りの適用はないものと思い込み、「簡易課税制度選択届出書」を提出してしまった

❶ 起こりうる判断ミス

　Ｘ年に高額特定資産である居住用賃貸建物を取得したが、居住用賃貸建物の仕入税額控除の制限により、仕入税額控除の適用は受けていないため、いわゆる３年縛りの適用はないものと思い込み、X2年にX3年からの「簡易課税制度選択届出書」を提出して、有利な簡易課税で申告してしまった。

❷ ミスへの対応策

　上記 **❷ ❺** のとおり、３年縛りの適用はありますので、「簡易課税制度選択届出書」の提出はなかったものとみなされます。したがって、X3年は原則課税になりますので、修正申告が必要になります。

4 ポイント

❶ 居住用賃貸建物の全部又は一部を調整期間内に課税賃貸用に転用した場合には、第3年度の課税期間において居住用賃貸建物に係る消費税額の調整が受けられます。

❷ 居住用賃貸建物に係る仕入税額控除の制限の規定が適用された場合であっても、3年縛りの適用はあります。

❸ 調整期間後に課税賃貸用に転用した場合には、居住用賃貸建物に係る消費税額の調整は適用できません。

Q60 居住用賃貸建物を譲渡した場合

当社はX1年12月期に居住用賃貸建物の課税仕入れを行いましたが、仕入税額控除の制限により、仕入税額控除の適用は受けませんでした。この後、調整期間中のX3年12月期にこの居住用賃貸建物を第三者に譲渡しました。この場合、仕入税額控除の計算はどうなりますか。

A 調整期間内に居住用賃貸建物を譲渡した場合には、仕入控除税額の調整により、一定の方法により計算した金額の仕入税額控除が受けられます。

解説

1 居住用賃貸建物を譲渡した場合の仕入控除税額の調整（消法35の2②）

仕入税額控除の適用制限を受けた居住用賃貸建物の全部又は一部を調整期間内に他者に譲渡したときは、その譲渡した居住用賃貸建物に係る課税仕入れ等の税額に課税譲渡等割合を乗じて計算した金額に相当する消費税額をその譲渡をした課税期間の仕入れに係る消費税額に加算します。

加算する消費税額＝居住用賃貸建物に係る消費税額×課税譲渡等割合

なお、事業者は免税事業者を除き、相続によりその居住用賃貸建物に係る事業を承継した相続人、合併によりその事業を承継した合併法人及び分割により居住用賃貸建物に係る事業を承継した分割承継法人においても適用があります。

〈具体例〉

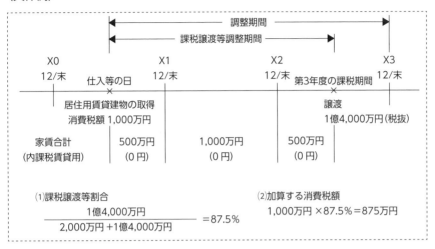

2 知っておくべき知識と留意点

　事例のケースにおいて重要となる消費税法上の規定は次のとおりです。

1 第 3 年度の課税期間（消法 35 の 2 ③）

　居住用賃貸建物の仕入れ等の日の属する課税期間の開始の日から 3 年を
経過する日の属する課税期間をいいます。

2 居住用賃貸建物の仕入れ等の日（消法 35 の 2 ③）

　その居住用賃貸建物の課税仕入れの日をいいます。自己建設高額特定資
産については、その自己建設高額特定資産の建設等が完了した日をいいま
す。

3 調整期間（消法 35 の 2 ①）

　その居住用賃貸建物の仕入れ等の日から第 3 年度の課税期間の末日まで
の期間をいいます。

4 課税譲渡等調整期間（消法 35 の 2 ③）

　その居住用賃貸建物の仕入れ等の日からその居住用賃貸建物を譲渡した
日までの期間をいいます。

⑤ 課税譲渡等割合（消法 35 の 2 ③）

　課税譲渡等調整期間に行ったその居住用賃貸建物の貸付けの対価の額の合計額及びその居住用賃貸建物の譲渡対価の額の合計額のうちに、課税譲渡等調整期間に行ったその居住用賃貸建物の課税賃貸用の貸付けの対価の額の合計額及びその居住用賃貸建物の譲渡対価の額の合計額の占める割合です。なお、これらの対価の返還等があった場合には、返還等の金額をそれぞれの対価の額の合計額から控除した残額によります。また、課税賃貸用の貸付けの対価の額及びその対価の返還等の額は、消費税及び地方消費税を含まない税抜金額で計算します。

$$
\text{課税譲渡等割合} = \frac{\text{居住用賃貸建物の課税譲渡等調整期間中の家賃の合計額のうち、課税賃貸用家賃の合計額（税抜）} + \text{居住用賃貸建物の譲渡額（税抜）}}{\text{居住用賃貸建物の課税譲渡等調整期間中の家賃の合計額（税抜）} + \text{居住用賃貸建物の譲渡額（税抜）}}
$$

（注）上記算式は、転用後に譲渡した場合を想定した計算式になっています。

⑥ 高額特定資産等が居住用賃貸建物である場合の納税義務の免除の特例の適用関係（消基通 1-5-30）

　高額特定資産又は調整対象自己建設高額資産について居住用賃貸建物に係る仕入税額控除の制限の規定が適用された場合であっても、高額特定資産を取得した場合等の納税義務の免除の特例（いわゆる 3 年縛り）の規定は適用されます。

3 起こりうる判断ミスと対応策

事例の場合、次のような判断ミスが想定されます。

> ■ 居住用賃貸建物を第三者に譲渡したにもかかわらず調整の適用を
> 失念してしまった
> ■ 調整期間後に譲渡したため、居住用賃貸建物を譲渡した場合の仕
> 入控除税額の調整の適用が受けられなかった

■ 居住用賃貸建物を第三者に譲渡したにもかかわらず調整の適用を失念してしまった

● 起こりうる判断ミス

居住用賃貸建物を譲渡した場合の仕入控除税額の調整の適用要件を満たしていたにもかかわらず、調整計算を行わなかった。

● ミスへの対応策

上記 ■ のとおり、以下の要件に当てはまる場合には調整計算の適用があります。忘れずに適用しましょう。

> ①原則課税の課税事業者で居住用賃貸建物の仕入れを行った
> ②その居住用賃貸建物を調整期間中に第三者に譲渡している

■ 調整期間後に譲渡したため、居住用賃貸建物を譲渡した場合の仕入控除税額の調整の適用が受けられなかった

● 起こりうる判断ミス

調整期間をその居住用賃貸建物の仕入れ等の日から 3 年以内と誤認したため、調整期間後に譲渡してしまった。

● ミスへの対応策

居住用賃貸建物を譲渡した場合の調整措置が受けられるのは、調整期間内（その居住用賃貸建物の仕入れ等の日から第 3 年度の課税期間の末

日までの期間）に譲渡した場合に限られます。調整期間を過ぎて譲渡した場合には、調整措置は受けられません。居住用賃貸建物の売却を考えている場合には、いつまでに売却すれば調整が受けられるのかを考慮して、売却時期を検討しましょう。

4 ポイント

❶ 居住用賃貸建物を調整期間内に第三者に譲渡した場合には、第3年度の課税期間において居住用賃貸建物に係る消費税額の調整が受けられます。

❷ 調整期間後に譲渡した場合には居住用賃貸建物に係る消費税額の調整は適用できません。

居住用賃貸建物に係る控除対象外消費税額等

当社は賃貸目的で新たにマンションを購入しました。居住用賃貸建物の課税仕入れ等は仕入税額控除の対象外となったため、控除対象外消費税額等が発生しています。この控除対象外消費税額等は従来どおりの処理ができますか。

 居住用賃貸建物が仕入税額控除の対象外となっても、これにより発生した控除対象外消費税額等は従来どおりの処理が可能です。

> **解説**

1 資産に係る控除対象外消費税額等の損金算入（法令 139 の 4）

1 資産に係る控除対象外消費税等とは

税抜経理を採用している場合には、原則として、仮受消費税と仮払消費税との差額が納付すべき消費税額等となりますが、その課税期間が全額控除が認められない場合（課税売上高が 5 億円超又は課税売上割合が 95% 未満）には、個別対応方式又は一括比例配分方式により消費税額等を計算するため、控除しきれない消費税額等が仮払消費税に残ることになります。この控除しきれない消費税額等のことを控除対象外消費税額等といい、そのうち資産に係るものを資産に係る控除対象外消費税等といいます。

2 資産に係る控除対象外消費税等の取扱い

資産に係る控除対象外消費税等は次のいずれかによって損金算入されます。

❶ その発生した事業年度に全額損金算入

次のいずれかに該当する場合には、損金経理を要件にその発生した

事業年度の損金の額に算入することができます。

> イ　課税売上割合が 80% 以上である場合
>
> ロ　棚卸資産に係るもの
>
> ハ　特定課税仕入れに係るもの
>
> ニ　一の資産にかかるものの金額が 20 万円未満のもの

❷「繰延消費税額等」として資産計上し、5 年以上の期間で償却

　その繰延消費税額等として損金経理した金額のうち、次の算式により計算した金額に達するまでの金額を損金算入することができます。

> イ　繰延消費税額等が生じた事業年度
>
> $$繰延消費税額等 \times \frac{その事業年度の月数}{60} \times \frac{1}{2}$$
>
> ロ　その後の事業年度
>
> $$繰延消費税額等 \times \frac{その事業年度の月数}{60}$$

❸ 資産の取得価額に算入し、減価償却費として損金算入

　その全額を資産の取得価額に算入し、減価償却を通じて損金算入することもできます。なお、資産の取得価額に算入するかどうかは、その全額について選択することになりますので、個々の資産ごとに選択することはできません。

2 知っておくべき知識と留意点

事例のケースにおいて知っておくべき事項は次のとおりです。

1 居住用賃貸建物に係る控除対象外消費税額等

　居住用賃貸建物に係る控除対象外消費税額等は次のいずれかにより損金算入ができます。

①課税売上割合が80％以上の場合には取得時に損金算入

②課税売上割合が80％未満の場合には繰延消費税額等として5年以上の
期間で損金算入

③資産の取得価額に算入

3 起こりうる判断ミスと対応策

事例の場合、次のような判断ミスが想定されます。

居住用賃貸建物を税込経理で処理していた

❶ 起こりうる判断ミス

　居住用賃貸建物の課税仕入れ等は、仕入税額控除の制限により、仕
入税額控除の適用を受けることができなくなったため、税抜経理はで
きないものと思い込み、税込経理で処理していた。

❷ ミスへの対応策

　上記 **2 1** のとおり、今までどおりの処理が可能です。納税者にとっ
て有利な方法を選択しましょう。

4 ポイント

❶居住用賃貸建物は仕入税額控除の適用を受けることができなくなって
も、今までどおり、税抜経理が可能です。

❷税抜経理により生じた控除対象外消費税額等は、今までどおり、①取
得時に損金算入、②繰延消費税額等として5年以上の期間で損金算入が
できます。

4 リバースチャージ方式
（特定課税仕入に対する課税）

Q62 リバースチャージ方式とは

国内事業者である当社は、当課税期間に国外事業者から「特定課税仕入れ」である「事業者向け電気通信利用役務の提供」を受けました。この場合の消費税の課税関係を教えてください。

消費税法においては、課税資産の譲渡等を行った事業者が、その課税資産の譲渡等に係る申告・納付を行うこととされていますが、「事業者向け電気通信利用役務の提供」については、国外事業者からその役務の提供を受けた国内事業者が申告・納付を行う、いわゆる「リバースチャージ方式」が導入されています。したがって、貴社が国外事業者に代わって申告・納付を行うことになります。ただし、その申告・納付義務には、一定の経過措置が設けられています。

▶ 解説

1 リバースチャージ方式とは

リバースチャージ方式とは取引に係る消費税の申告・納付義務を、サービスの提供者（売手）からサービスを受ける者（買手）に転換する方式をいいます。

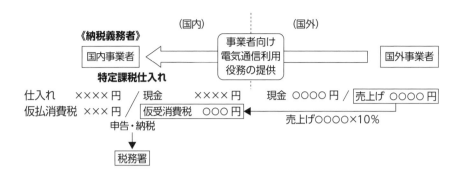

具体的には「事業者向け電気通信利用役務の提供」を受けた場合には、その支払対価の額が課税標準となり、一方で、その支払対価の額は、他の課税仕入れと同様に仕入税額控除の対象となります。

2　知っておくべき知識と留意点

事例のケースにおいて重要となる消費税法上の規定は次のとおりです。

■ リバースチャージ方式

❶ 課税の対象（消法 4 ①）

　国内において事業者が行った「特定仕入れ」には、消費税が課されます。

　「特定仕入れ」とは、事業として他の者から受けた特定資産の譲渡等をいいます。特定資産の譲渡等とは、「事業者向け電気通信利用役務の提供」と「特定役務の提供」(※) であり、特定資産の譲渡等を仕入れた場合、その仕入れが「特定仕入れ」となります。

（※)特定役務の提供（消法 2 ①八の五）

　　国外事業者が他の事業者に対して行う役務の提供のうち、映画若しくは演劇の俳優、音楽家その他の芸能人又は職業運動家の役務の提供を主たる内容とする事業として行うもの（不特定かつ多数の者に対して行う役務の提供を除きます）をいいます。

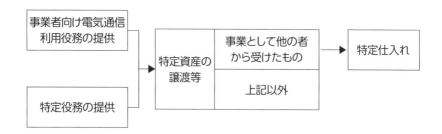

❷ 納税義務者（消法5①）

事業者は国内において行った「特定課税仕入れ」につき、消費税を納める義務があります。

「特定課税仕入れ」とは、課税仕入れのうち国内において行った「特定仕入れ」に該当するものをいいます。「特定課税仕入れ」は、リバースチャージ方式により、「特定課税仕入れ」を行った事業者に消費税の納税義務が課されることとなります。

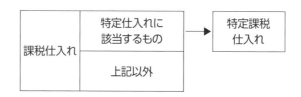

② 事業者向け電気通信利用役務の提供（消法2①八の四）

国外事業者が行う電気通信利用役務の提供のうち、その電気通信利用役務の提供に係る役務の性質又は当該役務の提供に係る取引条件等から当該役務の提供を受ける者が通常事業者に限られるものをいいます。

③ 消費者向け電気通信利用役務の提供（消基通5-8-4(注)）

電気通信利用役務の提供のうち、事業者向け電気通信利用役務の提供に該当しないものをいい、具体的には、対価を得て行われるもので、消費者も含め広く提供されるような取引が該当します。

4 リバースチャージ方式に関する経過措置（27年改正法附則42、44②）

　事業者が、「事業者向け電気通信利用役務の提供」を受けた場合であっても、次の①又は②に該当する課税期間については、当分の間、「事業者向け電気通信利用役務の提供」はなかったものとされますので、リバースチャージ方式による申告を行う必要はありません。また、その仕入税額控除も行えません。

---

①原則課税で、かつ、課税売上割合が95%以上の課税期間
②簡易課税制度が適用される課税期間

---

3 起こりうる判断ミスと対応策

　事例の場合、次のような判断ミスが想定されます。

---

1 そもそも納税義務があることを知らなかった
2 経過措置の対象であったが課税仕入のみ認識していた

---

1 そもそも納税義務があることを知らなかった

① 起こりうる判断ミス

　　原則課税で課税売上割合が95%未満である課税期間中に、国外事業者から「事業者向け電気通信利用役務の提供」（リバースチャージ対象取引）を受けていたが、その対価の額を課税標準額及び特定課税仕入に係る支払対価の額に含めていなかった。

② ミスへの対応策

　　上記 **2** **4** のとおり、経過措置の対象外であるため、その対価の額を課税標準額及び特定課税仕入に係る支払対価の額の双方に含めて計算します。なお、対価の額には消費税等相当額は含まれていないことから、税抜計算は行いません。その対価の額がそのまま課税標準額及び特定課税仕入に係る支払対価の額となります。したがって、修正申

告が必要です。

② 経過措置の対象であったが課税仕入のみ認識していた

❶ 起こりうる判断ミス

原則課税で課税売上割合が 95％ 以上である課税期間中において、国外事業者から「事業者向け電気通信利用役務の提供」(リバースチャージ対象取引) を受けていたため、その対価の額を課税仕入に係る支払対価の額に含めていた。

❷ ミスへの対応策

上記 ❷ ❹ のとおり、経過措置の対象であるため、その対価の額は、課税標準額及び特定課税仕入に係る支払対価の額の双方に含めません。課税仕入のみ認識している場合には修正申告が必要です。

4 ポイント

❶ 「事業者向け電気通信利用役務の提供」を受けた場合には、その支払対価の額を課税標準及び課税仕入れの双方に含めて消費税額を計算します。

❷ 原則課税で課税売上割合が 95％ 以上又は簡易課税が適用される課税期間は経過措置により、リバースチャージ方式は適用されません。

電気通信利用役務とは

リバースチャージ方式の対象となる「電気通信利用役務の提供」の内容について教えてください。

「電気通信利用役務の提供」とは、具体的にはインターネット等を介して行われるサービスの提供等をいいます。そのうちリバースチャージ方式の対象となるのは、国外事業者が行う事業者向けのものをいいます。

> 解説

1 リバースチャージ方式の対象となる「電気通信利用役務の提供」

　国外事業者が行う「電気通信利用役務の提供」は、「事業者向け電気通信利用役務の提供」と「消費者向け電気通信利用役務の提供」に区分されます。消費税法においては、課税資産の譲渡等を行った事業者が、その課税資産の譲渡等に係る申告・納付を行うこととされていますが、「事業者向け電気通信利用役務の提供」については、国外事業者からその役務の提供を受けた国内事業者が申告・納付を行う、いわゆる「リバースチャージ方式」が導入されています。

　なお、国外事業者が行う「消費者向け電気通信利用役務の提供」については、今までどおり、その役務の提供を行った国外事業者が申告・納付を行います。

2 知っておくべき知識と留意点

　事例のケースにおいて知っておくべき消費税法上の規定は次のとおりです。

1 電気通信利用役務の提供（消法 2 ①八の三、消基通 5-8-3)

　「電気通信利用役務の提供」とは、電気通信回線を介して行われる著作物の提供その他の電気通信回線を介して行われる役務の提供をいい、具体的には、次に掲げるようなものが該当します。

---

①インターネットを介した電子書籍の配信

②インターネットを介して音楽・映像を視聴させる役務の提供

③インターネットを介してソフトウエアを利用させる役務の提供

④インターネットのウエブサイト上に他の事業者等の商品販売の場所を提供する役務の提供

⑤インターネットのウエブサイト上に広告を掲載する役務の提供

⑥電話、電子メールによる継続的なコンサルティング

---

2 事業者向け電気通信利用役務の提供（消法 2 ①八の四、消基通 5-8-4)

　「事業者向け電気通信利用役務の提供」とは、国外事業者が行う電気通信利用役務の提供で、その役務の性質又は当該役務の提供に係る取引条件等から当該役務の提供を受ける者が通常事業者に限られるものをいい、具体的には、次に掲げるようなものが該当します。

①インターネットのウエブサイト上への広告の掲載のようにその役務の性質から通常事業者向けであることが客観的に明らかなもの

②役務の提供を受ける事業者に応じて、各事業者との間で個別に取引内容を取り決めて締結した契約に基づき行われる電気通信利用役務の提供で、契約において役務の提供を受ける事業者が事業として利用することが明らかなもの

3 消費者向け電気通信利用役務の提供（国税庁 Q&A）

「消費者向け電気通信利用役務の提供」とは、電気通信利用役務の提供のうち「事業者向け電気通信利用役務の提供」に該当しないものをいい、具体的には、対価を得て行われるもので、消費者も含め広く提供される次のようなものが該当します。

①インターネット等を通じて行われる電子書籍・電子新聞・音楽・映像・ソフトウエア（ゲームなどの様々なアプリケーションを含みます）の配信

②顧客に、クラウド上のソフトウエアやデータベースを利用させるサービス

③顧客に、クラウド上で顧客の電子データの保存を行う場所の提供を行うサービス

④インターネット上のショッピングサイト・オークションサイトを利用させるサービス（商品の掲載料金等）

4 消費者向け電気通信利用役務の提供を受けた場合の取扱い

事業者が、国内において行った課税仕入れのうち、国外事業者から受けた「消費者向け電気通信利用役務の提供」に係るものについては、当分の間、仕入税額控除の適用は認められません（27年改正法附則38①、基通11-1-3(注) 2）。ただし、登録国外事業者から受けた「消費者向け電気通信利用役務の提供」については、仕入税額控除の適用が認められます（27年改正法附則38①ただし書）。

5 登録国外事業者

　登録国外事業者とは、「消費者向け電気通信利用役務の提供」を行う課税事業者である国外事業者で、国税庁長官の登録を受けた事業者をいいます（27年改正法附則39①）。国外事業者から受けた消費者向け電気通信利用役務の提供については、登録国外事業者から受けたもののみが仕入税額控除の対象となります。

　なお、インボイス制度導入により、この登録国外事業者制度は廃止され、国内の事業者間で行われる課税仕入れと同様に取り扱われます。

3 起こりうる判断ミスと対応策

　事例の場合、次のような判断ミスが想定されます。

> **1** 事業者向け電気通信利用役務の提供を消費者向けと誤認し、経過措置の対象外にもかかわらずリバースチャージ方式による申告を行わなかった
>
> **2** 消費者向け電気通信利用役務の提供を事業者向けと誤認し、経過措置の対象であることから仕入税額控除を行わなかった

1 事業者向け電気通信利用役務の提供を消費者向けと誤認し、経過措置の対象外にもかかわらずリバースチャージ方式による申告を行わなかった

❶ 起こりうる判断ミス

　「事業者向け電気通信利用役務の提供」を登録国外事業者から受けた「消費者向け電気通信利用役務の提供」と誤認し、課税売上割合が95％未満であるにもかかわらず、リバースチャージ方式による申告を行わず、仕入税額控除のみを行って申告した。

❷ ミスへの対応策

　上記 **❶** のとおり、「事業者向け電気通信利用役務の提供」はリバースチャージ方式による申告が必要です。特定課税仕入に係る消費税額分、過少申告になっていますので修正申告が必要です。

2 消費者向け電気通信利用役務の提供を事業者向けと誤認し、経過措置の対象であることから仕入税額控除を行わなかった

❶ 起こりうる判断ミス

　登録国外事業者から受けた「消費者向け電気通信利用役務の提供」を「事業者向け電気通信利用役務の提供」と誤認し、課税売上割合が95％以上であることから、仕入税額控除を行わずに申告してしまった。

❷ ミスへの対応策

　上記 **❷ ❹** のとおり、登録国外事業者から受けた「消費者向け電気通信利用役務の提供」については仕入税額控除が認められますので、一定の要件を満たせば更正の請求ができると思われます。なお、仕入税額控除の対象となる「消費者向け電気通信利用役務の提供」については、請求書に登録番号が記載されていますので、登録番号の有無を確認し、仕入税額控除を行うようにしましょう。

4 ポイント

❶ 登録国外事業者から受けた「消費者向け電気通信利用役務の提供」については仕入税額控除の適用が受けられます。

❷ インボイス制度導入により、登録国外事業者制度は廃止され、国内の事業者間で行われる課税仕入れと同様に取り扱われます。

会計上、インボイス制度導入前の金額で仮払消費税等を計上した場合

　インボイス制度導入後は、原則として免税事業者からの課税仕入れについては、仮払消費税等の額はないことになります（Column 6（172 ページ）参照）。

　例えば、期中に免税事業者から店舗用建物（耐用年数 20 年・定額法償却率 0.05）を 1,100 万円で取得し、取得時に店舗用建物 1,000 万円、仮払消費税等 100 万円で計上し、決算時に 100 万円を雑損失に振り替えた場合どうなるでしょうか。雑損失 100 万円は「償却費として損金経理をした金額」になり、償却限度額を超えた部分は申告調整が必要になります。

■建物減価償却超過額の計算

（1,000 万円＋100 万円）×0.05＝55 万円（償却限度額）

（50 万円※＋100 万円）－55 万円＝95 万円

※ 1,000 万円（建物簿価）×0.05＝50 万円

・別表四　所得の金額の計算に関する明細書

区　　分		総　　額	処　　分	
			留　保	社外流出
加算	減価償却の償却超過額	950,000 円	950,000 円	

・別表五（一）　利益積立金額及び資本金等の額の計算に関する明細書

Ⅰ利益積立金額の計算に関する明細書				
区　分	期首現在利益積立金額	当期の増減		差引翌期首現在利益積立金額
		減	増	
建物減価償却超過額			950,000 円	950,000 円

　なお、課税仕入れに係る経過措置（Q52 参照）期間中は雑損失に振り替える金額が変わることになります（Column 6（172 ページ）参照）。

■著者紹介

齋藤 和助（さいとう わすけ）

税理士（齋藤和助税理士事務所）
　東京都出身　法政大学卒
　平成 12 年　税理士試験合格
　平成 13 年　税理士登録
　平成 15 年　東京都千代田区にて税理士として独立開業
　TAC 税法実務講座相続税法講師
　長年にわたり税賠保険事故の調査を担当

【主要著書】
『法人税是否認事例詳解』共著（税務経理協会）
『相続税贈与税の実務』（TAC 出版）
『税理士の専門家責任とトラブル未然防止策』共著（清文社）
『税理士損害賠償請求事例にみる事故原因と予防策』（清文社）
『事例で確認！消費税実務のうっかりミス対応策』（清文社）
『消費税軽減税率に対応した区分経理とインボイス Q&A』（清文社）
『ついうっかり！会社税務の NG 集』（清文社）
『今こそ役立つ！中小企業の税金知識』（清文社）
『知っておきたいくらしの税金ガイド』（清文社）
『税理士損害賠償請求頻出事例にみる原因・予防策のポイント』
（「Profession Journal」連載中）

ケーススタディ　消費税実務における判断ミスと対応策

2023 年 10 月 2 日　発行

著　者　　齋藤 和助 ©

発行者　　小泉 定裕

発行所　　株式会社 清文社

東京都文京区小石川 1 丁目 3 － 25（小石川大国ビル）
〒 112-0002　電話 03(4332)1375　FAX 03(4332)1376
大阪市北区天神橋 2 丁目北 2 － 6（大和南森町ビル）
〒 530-0041　電話 06(6135)4050　FAX 06(6135)4059
URL https://www.skattsei.co.jp/

印刷：㈱精興社

ISBN978-4-433-71953-1